ベトナム不動産投資

有馬壽志［著］
Hisashi Arima

あっぷる出版社

もくじ

第3章 ベトナムの不動産を購入する

第4章　ベトナムコンドミニアム紹介

※本書に掲載している為替データ等はすべて2015年6月時点のものです。

中国
ラオカイ
ハノイ
ホンガイ
ハイフォン
ラオス
トンキン湾
ビン
Mekong
フエ
タイ
ダナン
クイニョン
カンボジア
バンメトート
Tonle Sap
ニャチャン
カムラン
ホーチミン
Mekong
ミト
ロンスエン
ブンタウ
フークオック島
カント
南シナ海
タイ湾
コンソン島

はじめに　海外不動産を購入するのは何故か

現在55歳のAさんは、あと5年で定年を迎えます。しかし、法律が変わって65歳まで企業が雇用することになり、さらに10年は会社で働けることになりました。

以前、民主党が公約した年金定期便によると、60歳まで年金を一度も切らすことなく払い続けたとして、最高月額約20万円が振り込まれることになっています。それも65歳から受け取った場合です。そのため国は、雇用を延長して65歳定年制を導入しました。

65歳まで働けば5年間の無職時代をなくすことができる、というのが政府の考えのようです。

今の日本の課題を考えると、本当にそうなのでしょうか。

日本の課題について、ここで少し考えてみたいと思います。

ところで、課題とはなんでしょう?

少子高齢化、ＧＤＰの2倍を超えた１０００兆円もの借金、領土問題、デフレ、為替変動、巨大地震、原子力発電所、エネルギー問題、北朝鮮問題、社会福祉、介護問題、待機児童問題、教育問題、いじめ問題、人口減少、労働力不足、ますます高くなる税金、自然破壊、増え続けるCO_2などの環境問題……。

数え上げればきりがなく、どこから手を付ければいいのかわからないことばかりです。

はっきりいえることは、日本の財政が危機的状況であるということです。また、財政破綻すれば打つ手がないということです。

これからの日本はどうなっていくのでしょうか。ＩＭＦ（国際通貨基金）という占領軍がやってきてギリシャ状態になるという人もいれば、日本は外国からの借金がないのでみんなで負担すればそんなことにはならない、という人もいます。なんとかなるという人たちも、それでも公務員を削減し、公共事業をやめて、徹底的に無駄を排除しなければならないとは言っています。それにしても、このようなことを想像している日本人はほんの一握りではないでしょうか。

とはいっても、

「じゃあ、自分はどうすればいいんだ？」

と言いたくなりますね。

本書はそういう人に、ぜひ読んでいただきたいと考えています。

日本が財政破綻した時（Ｘデーと呼ぶ）に、人びとにとって一番ダメージの大きいことは何でしょうか。

それは、銀行からお金をおろせなくなることです。つまり、預金封鎖です。

何故、預金封鎖をするかというと、多くの預金者が自分の預金を引き出そうと銀行に押しかけ、取り付け騒ぎになるからです。また、財政破綻をきたした政府は、預金封鎖をする一方で、銀行の預金額などから国民の資産を把握し、資産に対して税金をかけることで政府への収入にあてて、破綻を免れようともします。

あるいは、こうともいえるでしょう。

金庫の中には国債しか入っていなくて、現金がないから取り付け騒ぎになることを防ぐためだ、と。

そして、お金がないから、日本銀行は毎年大量にお金を印刷しなければならず、政府の予算が足りないから、日銀が国債を買い取る必要があるわけです。その額たるやじつに毎年約80兆円にものぼる莫大なものです。日本はこの悪循環を繰り返しているのです。償還分を除いて、毎年約50兆円もの借金が膨らむわけですから、10年で５００兆円もの金額になります。この計算でいくと、冒頭のAさんが年金を受け取るころには、政府の借金は１５００兆円を超えているということになります。

こんな状況が続いているなかで、65歳になったAさんは、果たして、ほんとうに年金を受け取ることができるのでしょうか。

しかも、Xデーは、ある日突然やってきます。突然なので、あらかじめ対策を講じる暇がないのです。仮に、「もし明日から銀行口座を凍結します」などという情報が洩れでもしたら、銀行は押し寄せる人で大パニックになりますよね。

また、そんな状況になるという匂いをかぎつけただけで、相当の資金が海外に流れることになります。

政府としては、資金の海外流出だけは絶対に避けなければなりません。だから、Ｘデーへの対策は秘密裏に行われます。まるで映画『相棒・ＸＤＡＹ』の世界ですね。

では、Ｘデーが５年後にやってくると仮定すれば、それに備えて今からできることは何でしょうか。

国内銀行でのドル預金、外資系銀行でのドル預金かな、やっぱりユーロだろうか、などといろいろ考えてしまいます。いずれも、自分の資産を守るためには必要なことの一つです。

しかし、日本国内にあるすべての銀行に対して、日本の法律が適用されます。ということは、すべての預金が封鎖の対象になります。したがって、国内においては、ドル預金も円での預金も変わらないのです。

２０２０年といえば、まさに、東京オリンピックの年です。日本中がオリンピックに沸く直後にわれわれを襲ってくるのは、金融封鎖のＸデーかも知れません。あるいは、それ以前に、Ｘデーはやってくるかも知れません。いずれにしても、Ｘデーがくれば国内にある金融資産、有価証券、株などの金融財産はすべて凍結になるでしょう。つまり外国の銀行に預金しない限りどうにもならないのです。

では、どこの国に預けたらいいのでしょうか。

その国では、どの銀行がいいのでしょうか。

いや、いや、お金で蓄えているのでは問題の解決にはならないのかも知れません。

では、貯金ではなく、金を買うのはどうでしょうか。

それとも、外国に不動産を取得するのはどうでしょうか。

いっそのこと海外で居住することを考えてもいいのでは？

いろいろ考えられます。そして、考えてみると、いろいろな方法が見つかるのです。

実際、すでに将来を見越している日本人が、国内における資産の蓄積に不安を感じはじめ、海外での資産蓄積に動き出しています。日本政府も、これ以上日本のお金が海外に流出するのは困るということで、本腰で対策に乗り出しました。逆に考えると、それほどに日本が「やばい」状態になっているということです。

この本は、日本の経済状態に少しでも不安を感じている人、資産分散を考えている人、初物が好きな人、キャピタルゲインを狙いたい人　外国が好きな人……。とにかく、国内の現状に甘んじることなく、海外でも活躍したいという、そんな人に向けて書いています。

そして、そういう人が活躍するための場が、海外での不動産投資なのです。

みなさんは海外不動産を購入すると聞くと、怪訝そうな顔をします。

なんで好きこのんで外国に行く必要があるのか。

英語が全くわからないのにそんなことができるのか。
日本食が一番美味しいのに、なぜ食事のまずいに海外に行こうとするのか。
なによりも、温泉が好きなので、海外には行きたくない。などなど……。

多くの日本人が、海外での不動産投資に疑問をもっているにもかかわらず、近年、海外における不動産人気が高まっているのはなぜでしょうか。

それは、**海外分散投資＝「資産防衛」と「相続対策」**だからです。

資産防衛とは、すべての資産を日本に置いている場合、日本に何かあった場合に大変なリスクになります。その資産を守るために何を行うか、ということです。

相続対策とは、自分の資産を子や孫に相続する際に税金を安くするための「節税対策」、相続税を納めるための資金を用意する「資金相続対策」、相続人同士での争いごとを防ぐための「争続対策」を事前に講じておくことです。

ちなみに、社会情勢としては、10年後には１５００兆円を超える借金、年金破綻、巨大地震、デフォルト金融封鎖、ハイパーインフレなど、と現実味を帯びている危機が日本にはたくさんあります。

一方、国としては、税収を少しでも増やすために、２０１５年1月より相続税法改正を行い、法定相続人の基礎控除額を40％引き下げました。２０１４年までは妻子１人の場合、７０００万円だった基礎控除が、２０１５年からは、７０００万円×０・６＝４２００万円に引き下げられたのです。

また、所得税の最高税率も55％に引き上げられました。これで富裕層への課税強化は相当なものになります。

アベノミクスの効果については、これからの政策を待つしかありませんが、現在、行われているような、造幣局をフル稼働して1万円札を刷りまくり、日銀が買い取る仕組みは大変な危険があるように思います。いってみればこれは、負けのない親子麻雀と同じ理屈です。

こんな状況下にあって、国内にあるお金が海外に流出すると銀行は大変困ります。仮に、銀行の金庫が空っぽになるほどどんどん海外にお金を送られると、銀行は破綻してしまいます。銀行業務が立ちゆかなくなるからです。

そこで、国内での金融取引を活発化させるために、２０１４年には、株や投資信託などの運用益や配当金の一定額は非課税にするというＮＩＳＡ（ニーサ）が登場し、１００万円までの株や投資信託が5年間、無税となりました。長い年月にわたって最低金利が続き、しかも税金の高い日本では、多くの投資家が投資意欲をなくしていましたが、ここにきて俄然、投資信託に力を入れるようになりました。証券会社や銀行は、広告宣伝に力を入れて顧客獲得に躍起です。それでも問題意識の高い人の間では、日本の巨額の借金をなくすことは不可能と考える人が多く、海外への資産分散をしているのです。

海外に資産が移動する海外投資には、政府も銀行も黙って見ているわけにはいきません。政府の無策ぶりを曝け出したままにはできないからです。そこで２０１３年12月31日から、海外資産の合計金額が５０００万円を超えた場合、税務署への申告が義務付られました。これは不動産、現金などの合計額となります。最初の申告は、２０１４年3月の確定申告からとなります。

これらの対策を打ち出した背景にある政府の慌てようは、新聞記事を追っていくことで手に取るように窺い知ることができます。

政府の対応を２０１５年1月の『日本経済新聞』記事から読み取ってください。以下にその様子を要約しながら紹介します。

> 政府は海外に資産を持つ富裕層による租税回避の監視を強化する。40か国を超す税務当局と連携して日本に住む人が海外に持つ預金などの口座情報を捕捉し、２０１８年から国税庁に集約させる。ケイマン諸島など英領の租税回避地（タックスヘイブン）の協力も得る。国境を越えた税逃れに国際連携で対抗する。
>
> 海外にある財産の相続申告漏れは、13年事務年度（13年7月～14年6月）に前年度の6倍強の年間１６３億円と急増している。国税庁はこうした事態を重く見ており、14年からは海外に５０００万円を超す資産を持つ人に対して税務署への申告を義務付けている。
>
> 新たな枠組みによると、国税庁は、日米欧など主要20か国・地域（G20）と先進国を中心

とした経済協力開発機構（ＯＥＣＤ）の加盟34か国に加え、英領バージン諸島、ケイマン諸島、バミューダ、マン島など英領のいわゆる「タックスヘイブン」からも日本人の海外口座の情報を得られる。

国税庁は、17年末時点で日本人が海外に持つ預金、証券、保険などの金融口座の名義、住所、残高、利子や配当の年間受取額などの情報を連携する海外の税務当局から18年9月までに集める。19年以降も年末時点の情報を翌年9月までに集約する。海外当局からオンラインで情報を受け取れるようにする。

国税庁は情報をもとに、日本に住む人が海外の口座で得た利子や配当などの所得を正しく申告しているか確認する。口座の保有者が亡くなったときに、財産の相続人が正しく相続税を納めているかも調べる。

国境を越えた税逃れに国際連携で対抗する

たとえば、海外駐在中に米国とフランスなど複数の国で銀行口座を開いたサラリーマンなどの口座の情報も18年からは把握できる。合算して５０００万円を超えなければ問題ないが、超えているのに税務署に故意に申告しなかったり、虚偽の記載をしたりした場合などには、１年以下の懲役または50万円以下の罰金を科す。

国税庁も、各国の税務当局に対し相手国に住んでいる人が日本に持つ口座の情報を与える。国内の金融機関に対して情報提供を義務付けるため、26日召集の通常国会に租税条約実施特例法改正案を出し、成立を目指す。

外国に住む人が日本で口座を開くときには、生年月日や居住地国、その国の納税者番号などを記載するよう求める。金融機関は、年末時点に存在する口座の情報を翌年4月末までに本店を管轄する税務署に報告する。

虚偽情報を記した預金者や受け取った情報を意図的に提出しなかった金融機関には、懲役や罰金を科すことも検討する。

これまでも金融機関は、海外からの入金情報などを国税当局に提供してきた。しかし、口座残高なども含めた情報をまとめて定期的に送ることは義務付けていなかった。

これまでは主に2か国間で租税条約を結んで情報を交換していたが、主に入金情報だけで口座残高は対象ではなかった。頻度も不定期で、主に郵送でやりとりしていたため、効率が悪かった。

英国やフランスなどは２０１７年に日本に先行して情報交換を始める。ＯＥＣＤは加盟国以外にも参加国を広げていくことを目指している。

※２０１５年1月『日本経済新聞』より

このような推移を経て、海外投資への対策がされるようになりました。そして、適用内に入ってしまった、海外にＵＳＤ（ＵＳドル）預金を持っている人や不動産を持っている人は、12月末の為替によって、５０００万円を超えたり超えなかったりで、大いに不安を抱くことでしょう。ちなみに、国税局に海外不動産の評価はどのように行うのかを聞いたところ、固定資産税のある国は、固定資産税の評価額で計算、ない国は購入時価格で計算するとのことでした。

ベトナムなどのように、固定資産税のない国の場合には、現地通貨購入額を証明できる書類を準備する必要があります。また、12月31日の為替レートで日本円に換算して、他の外貨資産と合わせて５０００万円を超えるかどうかの判断が求められます。円安になると、投資活動をしていなくても、相対的に海外資産は増えていきますので、たとえ活動を中止している人であっても申告する義務が生じてしまいます。これによって、申告する人が増えることになります。

このような対策がとられていますが、超低金利の日本では、国内に投資する先がないため、海外投資を止めることはできないのではないでしょうか。

それを見越して、現在、「出国税」が２０１５年7月から実施されると発表されています。２０１５年7月以降に5年以上海外に移住する日本人は、その時点で国内に所有している株式などの含み益が出たものとして課税する、というものです。実際の売買があったかどうかは関係ありません。つまり海外に移住するなら資産は売却したものとみなす、ということです。

日本では現在キャピタルゲイン税に20・３１５％の税金がかかります。資産1億円以上が対象となりますので、納税額は２０００万円を超えることになります。

アメリカの最近の動きを見ると、海外に居住するアメリカ国籍を持つ人は、銀行口座を簡単に開設できなくなっています。とくに、アメリカ系の銀行は新規口座開設に消極的です。また、カンボジアのようにＵＳＤ決済の銀行では、非居住外国人の源泉税が14％なのに対して、アメリカ人は30％になったそうです。そのためアメリカ人以外の外国人は大量の書類にアメリカ人でないことを証明するサインをしなければなりません。また、２０１４年にマレーシアとアメリカ合衆国との間で政府間協定が成立したため、マレーシアにＵＳＤ口座を持つ外国人は、アメリカ国籍でないことを証明しなければなりません。

以下は、イギリスのロンドンに本社がある世界最大級の商業銀行・香港上海銀行ＨＳＢＣ(Hongkong and Shanghai Banking Corporation Limited) から発展し、海外投資を活発化させてきた同グループのＨＳＢＣマレーシアが、ＵＳＤ口座を所有している人に送っている手紙の翻訳文です。

当行は、ＨＳＢＣグループの一員として、アメリカ合衆国のＦＡＴＣＡ（アメリカ財務省、および内国歳入庁ＩＲＳより導入された法令の一部）に従うことにアメリカ政府と合意しました。ＦＡＴＣＡは、当行に、アメリカ人の管理下にあるすべての口座に関し、身元を明らかにし、明確にし、場合によりＩＲＳに報告するために、顧客情報を追加で求めるよう要請しています。

これは、あなたがアメリカ市民であるか否か、さらにＩＲＳにあなたの口座情報を報告しなくてはならないかどうかの確証を得るために、あなたから書類を提出していただく必要があります。３つの書類提出により、当行は、ＦＡＴＣＡ下においてあなたの正確な分類を確立することができます。また、当行は提出された書類をもとに、あなたがアメリカ市民であるか否かを明確にします。

この書類は、アメリカ財務省内国歳入庁のホームページから、Ｗ－９という書類をダウンロードして記入するわけですが、アメリカの納税番号を記入する用紙になっているため、アメリカ人以外は記入できません。アメリカ人ではなくアメリカで活動していないことを証明することは、大変困難です。

この書類のＱ＆Ａには、以下のような模範解答があります。

Q　私がアメリカ市民であるときにのみ影響を受ける書類内容ですか？

A　いいえ。以下の7つの条件を満たす口座をお持ちの場合、あなたがＦＡＴＣＡの影響を受けるアメリカ国民であるかを判断するために、ＨＳＢＣは詳しい情報や文書を要求することがあります。

1　アメリカ市民権、またはアメリカ居住権
2　アメリカでの出生地
3　私書箱を含むアメリカの住所
4　アメリカでの電話番号
5　アメリカ国内の住所、またはアメリカ国内の口座に支払いをするために継続して発行されている支払指図書
6　アメリカ国内に住所がある人に与えられた現行の委任状、または署名
7　口座名義人の唯一のアドレスである気付、または差押さえメールアドレス

以上の7つの条件の、どれをも満たさないことをどのように証明するのでしょうか。私には、まったくわかりません。

これも、テロ対策の一環かも知れませんが、最近のアメリカは過剰な政策を取っています。した

がって、今後、海外にＵＳＤ口座を開設することは、ますます困難になってくると思われます。

　このように、国の政策としての対応、銀行口座開設の困難さなど、さまざまな事態を考えてくると、資産を蓄積する方法もかなり限られていることに思いが至ります。

　つまり、**投資対象＝「海外不動産」**しかない、ということになるのです。

　アメリカでは、若いときに大きな家を買って子育てをし、歳を取ると小さな家に買い替えることで不動産価格の差益を生み、老後の資金を作るというのが一般的です。

　日本の場合は、不動産価格が下落していますからこの方法は使えません。そのため貯蓄率が高くなるのです。しかし、国債の借金が限界にきて、デフォルト（債務不履行）した場合は、預金封鎖になるため、老後の資金は一気になくなります。その場合、不動産価格も暴落し、年金破綻も同時に起こるような状態ですから、文字通りお先真っ暗と言っていいでしょう。そのことは、老後の過ごし方を考えている頭のいい日本人のほとんどが理解していると思います。

　その結果として、資産防衛のための投資対象は、海外不動産しか方法がなくなるのです。

　とはいえ、海外の不動産も、先進国では値上がりする物件が少ないか、マイナスになっているところが多い状況です。特に、人口減少国や高齢国についてはその傾向が顕著です。瞬間的に上昇することがあっても、安定した上昇はとても見込めません。

　不動産価格が上昇する条件とはなんでしょう。それは、人口が増加していて、平均年齢が若い国です。

かつては日本もそうでした。しかし、今の日本は、少子高齢化が著しく、年金・医療費の支払いにも限界が来ています。公共事業は止められても、医療、年金は破綻するまで止めることはできません。

つまり、自己防衛の時代が来たのです。

ただ、私は日本脱出だとか、日本に税金を払わないと考えているわけではありません。海外から日本を救える方法があるからです。

中国には、海外で活躍する華僑が６０００万人以上いると言われています。その８割が、東南アジア（日本・台湾・インドネシア・インドシナ・フィリピン・ミャンマー・インド等）に居住しています。彼らが儲けたお金の一部は中国に投資されています。

ベトナムも、ベトナム戦争で国を脱出した越僑がベトナムを支えています。世界に越僑は４５０万人いると言われています。２０１２年の送金総額は１００億ドルに上り、毎年世界各国からベトナムへの海外直接投資の額と、ほぼ同程度の送金が在外越僑によってなされているということになります。これは無視できる数字ではありません。何しろキャッシュなのです。これがなければ、海外との貿易で支払うドルも底をつきます。彼らの送金がなければベトナムはもたないといってもいいでしょう。

カンボジアも、ポル・ポトの時代に国外に出た人たちが、国を救うために送金しています。

日本では、ここ数年でやっと和僑構想が立ち上がったところです。ちなみにいま、国外にいる在留邦人数は、長期滞在者と永住者合わせても１２５万人足らずです。

　国外で成功して日本に送金する人が増えれば、日本の税収ももっと増えるのではないでしょうか。

　巨大地震も大きな問題です。阪神淡路大地震の後、国が調査した結果、危険な活断層は１００か所指定されました。しかし、その後発生した中越地震、能登半島地震等はＭ７クラスでしたが、地震を引きおこしたのは、発表された１００か所には載っていなかった活断層でした。

　東日本大震災では、地震よりも津波による被害が大きく、原子力発電所のメルトダウンという未曽有の事故まで発生しました。仮設住宅に20万人が暮らすといった事態はいまだに改善されず、大地震の恐ろしさを見せつけています。

　仮に、首都圏直下型大地震や南海トラフ大地震が起きた場合は、超高層ビルの倒壊も含め、今まで日本人が体験したことのない被害が発生すると予想されています。死者30万人以上、避難民は８００万人に達する見込みで、復興に何十年かかるかわかりません。

　年老いた両親や幼い子供のテント生活、けが人の介護をしながら復興作業をすることは大変な精神的ストレスとなります。また被害者数からしても、仮設住宅を建設して対応できるというレベルではありません。

　２０１５年４月に発生したネパール大地震では、死者約９０００人、避難生活者２８０万人、倒壊家屋50万戸（２０１５年5月現在）もの被害が発表されました。歴史的な遺産がことごとく崩壊し、エベレスト登山者にも被害が及んでいます。ネパールも、大地震の危険があることは国民がひろく知る事実ではあったのですが、大きな被害を防ぐことはできませんでした。読者の中には、ネパールは日本と違って耐震構造じゃないから、と思われる方も多いと思います。しかし、阪神淡路大震災の時に、耐震構造のマンションであっても、電気・水道系統が損害を受けると、水洗トイレが使えない、明かりがつかない等、せっかく購入したマンションに生活できなくなった人が続出しました。とくにマンションの場合は、戸建と違って自分だけで修理することはできないのです。かなりの費用が掛かるため、法律に基づいて所有者の４分の３以上の同意が必要になります。そう簡単に大規模修繕はできないと考えたほうがいいでしょう。また、東日本大震災の時には耐震構造のマンションや家屋が津波でいとも簡単に流されました。

　そんなときに海外に不動産を持っていたらどうでしょうか？

　とりあえず家族を海外で所有している家に移住させて、日本復興のために日本に戻り全力を尽くすことができるのではないでしょうか。幼い子供や年老いた両親を介助しながら、会社の復旧や自宅の問題に取り組むことは容易ではありません。

　私がベトナムおすすめる理由はいろいろありますが、そのひとつは、生活費が極端に安く気候が温暖で親日的であることです。

生活費が高すぎると、いざというときに資金ショートして生活できなくなります。

海外不動産は気軽にはじめられる投資だと思います。ローリスク・ハイリターン商品なのです。株やＦＸ（Foreign Exchange の訳で、通貨の売買によりその差額で利益を得る、24時間取引可能な外国為替相場）と異なり、ゼロになることもありません。

　ということで、もっとも確実な資産分散はなにかと考えたときに、最終的に「海外不動産」に行きつくことになります。

　２０１３年の時点で、永住権を取得して海外で暮らしている日本人は約41万人です。過去10年間で約13万人増加しました。資産課税強化に不満を抱える富裕層から、日本の将来や教育に不安を感じている子育て世代、年金破綻に備える50～60歳代、海外でのビジネスチャンスをつかみたい企業家など、移住動機は人それぞれです。その人たちは何か心に期するところがあって、海外での生活を選んだのでしょう。より充実した生活を海外に見出したのかも知れません。日本での不安や不満を軽減するために海外にやってきたのかも知れません。もちろん、日本を脱出すればすべての不安、不満が解消されるわけではありません。

　そして、生活のためや投資のためなど、その目的の如何にかかわらず、せっかく、海外に不動産を購入するなら、楽しみながらやりたいものです。投資や儲け、お金・お金、と常に資産のことだけを考えるのではなく、楽しく生活することも重要です。海外での生活を楽しむことによって、ストレスのない世界があなたを待っています。

しかし、海外での生活をより充実した形で実現するためには、ぎりぎりの予算で不動産を購入することはやめたほうがいいでしょう。日本での暮しに慣れている人にはちょっと苦痛に感じるかも知れませんが、海外での生活はじつにゆったりと進むものなのです。

また、不動産を購入したからといって、すぐに住めるわけではありません。工事のため、書類作成のための時間もかかります。物事がじつにゆっくりと進んでいるのです。何事にも、焦らないことを心がけてください。

また、賃貸や売却を考えている人も、購入した不動産を5年くらいは保有するといったゆとりをもつことも大切です。そのくらいの余裕をもって、準備を進めてください。

ちょっと余談になりますが、海外で生活をしてみてつくづく思うことは、日本での生活リズムはなんと早いのだろうということです。諸外国、特に東南アジアでの時間はとてもゆっくりと進んでいるように感じます。日本人もそろそろ、じっくりとものごとに立ち向かい、ゆっくりと歩むことを考えてもいい時代に来ているのかもしれません。

ただし、現実に自然災害や経済破綻が起こってから準備するのでは遅すぎます。金融封鎖はその日から海外送金ができなくなるので、海外不動産を購入することはできません。また、巨大地震が発生してからでも遅すぎます。事態が起こってしまってからでは対応できないのです。だからこそ私は海外不動産投資、それもアジア、本書ではベトナムをおすすめすめしています。

海外の新築不動産は、不動産物件の計画時点で売買契約を交わし、物件の建設進行に応じて、物件価格の一部を前払いしていくという支払方法です。一般的に「プレビルド」と呼ばれています。多くの物件は完成までに物件代金支払いを完了させますので、完成日が長いほど、支払いに余裕が生まれることになります。

小さな物件でも、売買契約書にサインしてから完成までに最低1年はかかります。それから内覧、引き渡しに2〜3か月、内装工事に2〜3か月、登記に約1年かかります。つまり住めるようになるまでに、小さな物件でも1年半〜2年かかるということです。だから、すべてのものごとに余裕をもって臨むことが求められるのです。

しかしこの方式には、契約を結んでも建築着工されないとか、建築途中でデベロッパーが資金ショートして完成しないなどのリスクがあります。ただし、ベトナムの場合は1階まで建築が進まないと売買契約できないという法律があります。途中で建築中止になるリスクがないとは言い切れませんが、他国に比べると安心です。

また、同じ国に2戸の住宅を所有しておくと、一方の住宅で家賃収入を得ながら生活することが可能です。これは、海外での安定した生活を送るためにも有効です。

いずれにしても、日本と比べると、東南アジアの国々の不動産は低価格です。日本で得た資産をより有意義に活用するためにも、海外での不動産投資を考えるべき時代が来ているのです。あとは、みなさんがどのような選択をし、行動するかです。

日本の破綻、金融封鎖などについては多くの専門家の方が本を出版しています。参考になる本をご紹介しておきます。それを読まれての判断は読者の方にお任せします。

※参考図書

『迫りくる日本経済の崩壊』『日銀失墜、円暴落の危機』藤巻健史（幻冬舎）
『失速する世界経済と日本を襲う円安インフレ』朝倉慶・船井勝仁（ビジネス社）
『２０１５年暴走する世界経済と日本の命運』三橋貴明（徳間書店）
『日本に仕掛けられた最後のバブル』ベンジャミン・フルフォード（青春出版社）
『裕福層のための海外分散投資』永峰潤・三島浩光（幻冬舎）
『税金官僚から逃がせ隠せ個人資産』副島隆彦（幻冬舎）

第1章

海外不動産は好きな国に買う

なぜ好きな国に買うべきなのか

国内であろうが、海外であろうが、不動産を購入する時に、まず何を優先すべきでしょうか？不動産を購入する際に、利回りがいくらか、売却益がいくらか、と不動産会社の商売のように緻密に計算をして購入する人がいますが、それはプロの投資家が考える購入方法だと思います。一般に、自分のものとして不動産を購入する時には、利益だけを考えるより、住みやすさや周囲の環境などをより重視して考えるべきではないでしょうか。

２０１１年の東日本大震災以降、日本人の不動産に対する考えに大きな変化が生じました。地震国である日本の不動産に不安を抱き、海外に不動産を求める動きが増えてきたのです。今や、不動産投資の対象は国内だけに限られたものではなくなってきたといえます。

では、初めて海外の不動産に投資を考える場合には、どのような点を重視して不動産の購入を考えるでしょうか。ある人は、将来の住居として、ある人は、日本に何かあった時の避難先として、不動産を購入するのかも知れません。年配の方には、終の棲家にしたいという思いも込めて、物件を選ぶ人もいるでしょう。

また、ビジネスとして海外に不動産を購入して、その売買や賃貸で利益を考えようとする人もいるでしょう。しかし、ビジネスで縁のある国の不動産購入を考えている人も含めて、不動産を購入するときの基準は、やはり利益よりも、住みやすい場所であるとか、周囲の環境が整っているといった要因が大切です。さらに、その国やその国民性が自分にあっているかどうかが、最終的な決定をする大きな要素になるということです。それは、不動産に投資しようとする国が、自分の好きな国かどうかが決定的な要因でなければならないと思うからです。

では、なぜその国に対する好き嫌いが大きな要因になるのか。その理由について考えてみましょう。

まず、業として不動産投資を考えている人にとって、もっとも大きな要因となる、キャピタルゲインやインカムゲインは、あくまでも売れた場合、貸せた場合の話です。そのためには建物の完成が前提となります。しかし、日本で考えているように、ことはそう簡単には進みません。日本の場合だと、最長でも1年をみておけば、さまざまな手続きも含めて達成が可能でしょう。しかし前章でも触れましたが、海外の場合には事情が異なります。まず、物件が完成に至るまでにはじつに時間がかかります。一つの手続きを完了するにも多くの時間を要します。そして、トラブルも生じがちです。購入の手続きから建物の完成までに2～3年。建物の完成から内装工事などに数か月。最低でも、このくらいの期間は考慮に入れておく必要があります。

多くの人は、不動産は完成前に売れるとか、完成したらすぐに貸せると考えているように思います。ということは、なかなか建物が完成しないということは、大きな気がかりです。手続きが順調に進まないとストレスが溜まります。まして、ギリギリの予算で購入してしまうと気ばかりが焦り、事態はうまく進まなくなりがちです。かといって、完売物件でなければ、利益を乗せて売ることはできません。というのも、定価で購入できる物件が残っているからです。このような事情から、不動産は最低でも５年間は所有するつもりで、予算的にも余裕をもって購入する必要があります。

　私の経験からしても、東南アジアの不動産は建築竣工時期が遅れがちですし、完成から引き渡しまでも時間がかかります。その間に内覧、工事修繕箇所チェック、修繕確認などの作業があります。日本で仕事を持っている人の場合には、現地に滞在する時間を作るだけでも２～３か月を要することもあります。内覧時工事箇所チェック、修繕チェック、内装工事打合せ、内装工事完了チェック、銀行口座開設、管理費などの支払い銀行引落契約が終了し、ここで初めて賃貸に出すことが可能になるのです。この段階に至るまでに少なくとも４回は、その国を、その場所を訪問しなければなりません。

　まして予算に、内装工事費、４回以上の訪問滞在費、現地アテンドや通訳費用なども経費として考えておかなければなりません。

　このように海外に不動産を購入することは、一つひとつの出費そのものは決して大きな額ではありませんが、思惑外のお金と時間がたくさんかかるのも事実なのです。

　逆に、なんども現地に足を運ぶわけですから、目的地に行って、用が済んだらすぐに帰国するというのでは寂しすぎます。どうせ行くのなら観光地やビーチ、寺院、美術館などにも寄りたいものです。また、その国の、その地域の美味しい料理に舌鼓を打ちたいものです。より多くの人と触れあいながらその土地の文化や風俗を知りたいものです。そのためには、自分にとって少しでも魅力のある国であることが必要条件になるのではないでしょうか。

案外意識されていないことですが、海外に不動産を購入する際に考慮すべきは、なんども行きたくなるような、自分の好きな国であることが大切です。なんど行っても魅力のつきない国であれば、それは、その国の風土や国民性が自分に合っているということなのかも知れません。

あたりまえですが、購入した国が好きになれば「今度行ったときにはあそこに行こう」「つぎは何を食べよう」と楽しい気分になるものです。

また、先述のように日本に何かあった時には、数年間の外国生活が続くことも考えられます。蚊に悩ませられたり、物価が高くて生活に困窮したり、食事が合わなかったりでは、何のための脱出かわかりません。必要が生じたときに、ちょっと行って手軽に入れる店や日本食の材料は揃わなくても、口に合った食事ができるレストランが近くにあれば心強いものです。

長期滞在となると、病院や学校のことも考慮する必要があります。果たして、近くの病院には、日本人の医師はいないまでも、日本語を話せるスタッフはいるのでしょうか？　食品スーパーやコンビニは近くにあるのでしょうか？　そんな情報を集めることも必要になります。

大地震など災害に対する備えとしての海外不動産購入

東日本大震災から4年が経ちましたが、いまだに仮設住宅含め避難生活者が20万人を超えています。仮設住宅の入居期限は災害救助法で原則2年と定められています。ところが、見直された復興事業計画によると、最も長い人は、高台の造成の遅れで、8年間も仮設住宅に暮らす可能性が出てきました。東日本大震災の被災地は、もともと平地が少ないうえ、海沿いの平地は津波が再び襲う恐れがあるため住宅を建てることができません。多くの人が、自分の土地に戻れないのです。このため、山を切り開くなどして、多くの住宅地を造らなければならず、最長8年の可能性という、これまでにない事態になっています。

この現実を目の当たりにしていると、近い将来に、首都圏直下型地震や南海トラフ地震が発生した際には、避難生活がもっと長い期間にわたるのではないでしょうか。そもそも100万人規模の仮設住宅が建設できるのか、はなはだ疑問です。

こんな事情からも、海外での生活を考えている人が増えてきているのでしょう。しかも、不動産投資も兼ねての海外生活を考えている人の多くは、欧米諸国をターゲットにするのではなく、東南アジアを視野に入れている人が圧倒的に増えています。欧米諸国は、生活水準も高く、金銭的な余裕がある人にとっては、長期間にわたる快適な生活が保証されていますが、もはや、投資としての不動産物件の対象としては厳しいのではないでしょうか。

そこで多くの人の目は、近年、これからの成長が大いに望まれている東南アジアに注がれています。

楽しい生活基盤があってこその投資

東南アジア諸国の中でも、シンガポール、マレーシア、タイは日本人に人気の高い国ですが、生活費は高水準にあります。現地での仕事がある人は別ですが、よほどお金に余裕のある人でなければ日本と同水準の生活は維持できません。これらの国では、生活費に月40万円～１００万円は必要だと考えておくべきでしょう。確かに、これらの国においては、買い物、食事、病院、文化施設、学校などが整備されており、生活を維持していくために困ることはありませんが、この額になると、下手をすると日本での生活以上にお金が必要だともいえます。海外に住むことによって生活が苦しくなるのでは意味がありません。楽しい生活が基盤にあってこその投資でもあります。

どこの国に生活の準拠点を設けるか、あるいは、海外での不動産投資をするかは、自分の生活水準と相談してください。海外での生活、海外での不動産投資などは、すべて自己責任で行うものだからです。

このように、海外での不動産購入を考える時には、物件購入予算、生活費、食事、文化、趣味、病院、学校その他を総合的に判断して、購入国を検討してください。ビジネスとしての利益を考えることはもちろん大切ですが、同時に、楽しく生活ができる住環境を優先させることも必要です。せっかく日本を離れて、海外での生活をエンジョイするのですから、より充実した生活をするべきですよね。儲けは「たら・れば」です。少ししか儲からなかったけど、この国にしてよかった！と思えたら成功ではないでしょうか。

第2章　投資国はどのように選ぶか

不動産の取得と永住権（ビザ）

具体的に、どのように投資国を選べばよいのか、条件の合う国の探し方について、話を進めたいと思います。

投資先の対象となる国は世界中にありますが、私は、すでに説明したように、これからの発展が大いに望まれる東南アジアがベストだと考えています。

東南アジアのほとんどの国が、平均年齢は20歳代で、経済成長率は５％を超えています。つまり、今後ますます発展が見込まれている国々です。また、歴史的にも文化的にも、日本人にはなじみの多い国です。このようなことを考えてみると、海外不動産の所有を対象にするにあたっては、東南アジアが世界で一番おすすめの地域だと思います。

まず初めに、一般の人が海外に不動産を購入したいという時には、どのような目的があるのか、ということです。

たとえば、弊社が行っているセミナー参加者の声では、以下のようになります。

①インカムゲイン（資産を所有することによって得られる収入）

②キャピタルゲイン（資産の値上がりによって得られる差額収入）
③タックスメリット（給与所得による課税対象額から減価償却費用を相殺して生まれる利益）
④将来の移住
⑤不安の解消
⑥円安になった場合為替差益を得る
⑦単純に海外が好き

不動産投資をすることを目的としている人たちの声ですから、資産を所有することによる収益を考えるのは当然ですが、気に留めたいのは、「将来の移住」「不安の解消」という声があるということです。私のところに来られるお客さんに、海外不動産の購入理由を聞いてみると、そのうちの約9割の方が、「将来への不安」を理由のひとつにあげます。そこには、「日本を脱出して将来はその国に住みたい」「日本で何かあった時の保障として海外に不動産をもっていたい」という希望も含まれています。

実際、リーマンショック、東日本大震災以降は、海外に進出する人が増えています。

先にも説明しましたが、海外での不動産投資を考える時に、まず、自分が住みたいと思える、自分の好きな国に不動産を購入するということは、やはり大切なことだと思います。

では、好きな国に投資すべき理由をまとめてみます。

1. 売れない、貸せないといったことが起きても「将来自分で住むからいいか」といった気楽な気持ちになれるのでストレスがない
2. 好きな国は旅行でも時々行くのでホテル代わりに使えるうえ、着替えやゴルフバックなど趣味の道具も置いておける
3. 仕事関係がある国ならスーツや資料などをコンドミニアムに置いておくことができる
4. 日本に何かあった時は長期間の滞在になるので、気候・風土・料理が合わない国だときつい
5. 日本との関係がよくない国だと、日本人を嫌いな人も多いので嫌がらせをされたり、助けてくれないこともあり不動産を所有しても楽しくない
6. 日本人が好きな国は治安がいいところが多いので、自分の購入したコンドミニアムにいざという時の現金を置いておくことができる
7. 好きな国だとたいてい何人かは友人ができるので、行くのが楽しい
8. 生活関連費用が自分に合っている

もちろん他にも理由はありますが、ざっとこんなところかと思います。

購入条件の比較

　では次に、購入条件としては、どこの国がいいのでしょうか？

　不動産を購入し、さらにその国に住み続けるためには、その国で自由に不動産が購入でき、長年にわたって居住が可能なのかどうか問題になります。いわゆる、住居とビザの問題です。

　そこで、東南アジア各国の不動産（ここでは、コンドミニアムを対象とします）の購入条件とビザの関係で比較検討してみましょう。

　まず、次頁の表にはないミャンマーでは、外国人のコンドミニアムの購入は実質的にできません。また、インドネシアの場合には、個人の所有権は49％までとなっていますので、投資の対象外と考えるべきです。

　以下、表にある国々のビザの取得条件について説明します。

　シンガポールは、税率が著しく低い「タックスヘイブン」であることから、富裕層が多く集まっている確かな購入対象国だといえます。しかし、永住権のハードルはかなり高いものになっています。起業家や投資家に永住権を提供する「グローバル・インベスター・プログラム」（ＧＩＰ）は、本人と配偶者、21歳未満の子どもが対象になります。また、経済条件としては、シンガポールの事

国	土地付取得	コンドミニアム取得	ロングステイビザ取得	賃貸	取得税
シンガポール	× セントーサのみ可	○	○2.2億円以上の不動産投資	○	物件価格の3%
マレーシア	○	○	MM2H 10年更新可 1250万円以上預金証明	○	物件価格の2%
タイ	× 49%まで	○	ロングステイビザ 50歳以上 260万円以上預金 1年更新可	○	物件価格の1.5% ＋公示価格の2%
フィリピン	× 40%まで	○	リタイアメントビザ 2万ドル以上預金	○	物件価格の4.5%
インドネシア	×	×個人名義不可	○55歳以上年金受給者 その他条件有 1年更新可	○	物件価格の5%
ベトナム 2015年7月～	○	○	○1年以上	○	物件価格の0.5%
カンボジア	× 49%まで	○	○100ドル 3年ビザ	○	物件価格又は評価額の高い方の4%

業、もしくは指定されたファンドに２５０万ＳＧＤ（約２億円以上）投資や経営する会社の過去３年平均売上５０００万ＳＧＤ（約40億円以上）などの厳しい条件があります。

マレーシアは、マレーシア・マイ・セカンドホーム・プログラム（ＭＭ２Ｈ）が、本人と配偶者、両親60歳以上、子ども21歳未満の親子３世代が対象で、50歳以上は35万リンギット（約１２００万円以上）以上の預金、および月額1万リンギット（約33万円以上）の所得があることの条件で、更新可能な10年ビザが取得できます。

タイは、ノン・イミグラント・ビザで50歳以上の本人のみ、80万バーツ（約２６０万円以上）の預金または、月額６・５万バーツ（約20万円以上）の所得があるなどの条件で1年更新ビザが取得できます。

フィリピンは、スペシャル・レジデント・リタイアーズ・ビザ（ＳＲＲＶ）が指定口座に２万ＵＳＤ（約２４０万円以上）の預金で永住権取得となっています。

カンボジアは、日本のカンボジア大使館で１２０００円（１００ＵＳＤ）を支払うと、カンボジア国内で更新可能な3年ビザが取得できます。

ベトナムは、２０１４年までは、外国人が居住する条件として、労働許可証とセットになっている1年以上在留ビザまたは3か月ビジネスビザの更新となっていました。しかし２０１５年1月から新設された、労働許可証とリンクしない「Investor／外国投資ビザＤＴ」「Business／企業訪問ビザＤＮ」がベトナム入国管理局で発行されるようになりました。外国投資ビザは、投資ライセンスを取得した企業の代表者に発行されるビザで最長5年、企業訪問ビザは、ベトナムでの投資を考えている人向けのビザで、最長1年間となります。受入れ先の企業がなくてはなりませんが、所得や預金額は関係ありません。

以上が、東南アジア各国でビザを取得するための諸条件です。

住むに適している国と不動産投資に適している国

東南アジア諸国といっても、国によってその生活水準は大きく違います。また、不動産投資の条件も国によって異なります。

そこで、東南アジア各国の生活水準と不動産投資の状況について説明し、どこの国で不動産投資をするのがもっとも有効性があるのかを検討してきたいと思います。

シンガポール

シンガポールは、世界第４位の金融センターと世界で最も多忙な港湾のある、世界でも有数な商業の中心国（都市国家）です。都市としての利便性はよく、あらゆる面で東京よりはるかに進んでいるといえます。企業、学校、医療、公共施設などにおいては日本以上の高水準を保っています。イギリスのロンドン、アメリカのニューヨークの生活水準にあると考えていいでしょう。したがって、日本で暮らす以上の生活を求めている人にとっては最適の国、夢のような国といえます。そして、シンガポールは公用語が英語です。また、世界各国からの成功者が集まっている街でもあります。

実際に、富裕世帯の割合は世界一で、国際競争力も高い国です。言いかえれば、普通の人が住めるような街ではないのです。

そのため、海外向けの不動産を扱っている仲介業者も、シンガポールの不動産は対象から外しています。シンガポールで不動産を購入する時には、自分で動いて、自分の気に入った不動産を手に入れるだけの能力をもった人であることが前提だからです。

また、隣国インドネシアが地震の多い国であることから、余震の影響は受けますが、火山がないので、大きな地震はないといわれています。

このようにみていくと、シンガポールという国は、裕福な生活を送るにはあこがれの国ですが、不動産投資という意味では不適当といえるでしょう。中心部の新築不動産の平米単価は約２万ＵＳ

Ｄです。

マレーシア

マレーシアは、ロングステイ財団の調査でも「日本人が住みたい国」８年間連続第１位となるほど、日本人に人気のある国です。その魅力の理由は、ペナン島やボルネオ島、ランカウィ島などのリゾート地が充実していることと、首都であるクアラルンプールの都市整備が充実していることです。

とくに首都クアラルンプールに関しては、モノレールや高速道路が整備されていて移動が極めて便利ですし、中心街の諸施設は東京の銀座以上の活況を呈しています。国全体としての生活水準は低いものの、クアラルンプールを中心とした首都圏に関しては東京なみの生活を楽しむことができます。しかも、物価は東京より安いため、長期滞在を望む人には便利な街です。現在の一人当たりＧＤＰは約１万ドルで、イスラム教関連国では一番に先進国入りするといわれています。

また、ロングステイビザ（ＭＭ２Ｈ）を取得することで、10年間は出入国が自由になる準マレーシア人扱いとなり、税関などの出入りもマレーシア人専用箇所からの出入国が可能です。銀行口座、学校、病院などもマレーシア人と同等の扱いとなります。

ただし、問題はあります。ＭＭ２Ｈを取得した人は、マレーシアでの労働が禁止されています。すなわち、収入がゼロであることが条件です。ということは、意欲のある若い人が長期生活をすることは無理です。65歳以上で仕事をする必要のない、日本での年金受給者といった立場の人でなければ、マレーシアでの長期生活はできないことになります。

ただし、日本の家を売り、退職金と年金で生活拠点をマレーシアに移してもいいという人には快適な国です。

クアラルンプールにおけるコンドミニアムの平米単価は８０００〜１万ドルと、東京の港区、千代田区、中央区などの中心地とほぼ同レベルと考えていいでしょう。ただし、この価格の不動産は、マレーシアの経済成長の象徴ともいえる、88階建てのペトロナスツインタワーが見える場所（部屋）が対象となります。これは東京タワーが見えたり、スカイツリーが見える部屋の不動産価格が高いのと同じです。同じ建物でも、ツインタワーの見えない、反対側の部屋の価格は半減します。

また、一般的なコンドミニアムの価格もそれほどは安くありません。３５００〜４０００ドル／㎡が相場ですから、日本円に換算すると１００㎡のコンドミニアムで３５００万円は超える価格になります。ですから、内装費用なども含めて、４０００万円以上の予算のある人にはおすすめできる国といえるでしょう。また、２０１４年の法改正で、非居住外国人は１００万リンギット（約３３００万円）以上の物件しか購入できなくなりました。キャピタルゲインを狙っている人は、駅から近い物件がおすすめです。

いずれにしても、マレーシアもシンガポール同様、かなり金銭的に余裕のある人でなければ生活しにくい国だといえます。

タイ

タイは、日本人にたいへん人気のある国です。多くの日本人観光客も訪れますし、日本企業も数多く進出していて、日本人サラリーマンの姿もよく見かけます。ただし、生活水準で比較するなら、マレーシアとほとんど変わらないのではないでしょうか。物価もそれほど安くありません。そして、とくにバンコクなどの都市部では、交通渋滞に悩まされる国でもあります。タイについては、私は、まさに今がバブルの最後の時期と考えています。したがって、不動産投資としては時機を逸した感が強いのです。

その理由としては、１ベッドの物件の供給があまりにも多く、過剰気味になっているということがあります。バブル末期の日本が同じような状態でした。空室が多くインカムゲインを望んで不動産投資を考えている人にはとてもおすすめできません。利回りも低く、２〜３％ではないでしょうか。これに対し、２ベッド、３ベッドの物件は高くて買い手がつかない状態です。また、借り手はいても物件の供給が追い付いていません。さらに、キャピタルゲインを狙っている人にもおすすめできません。今が不動産のピークということは、これからは下がる傾向にあるということになります。不動産売買で利益を得ることは今後ますます難しくなるでしょう。

つぎに、自然環境からの理由です。プーケット島やサムイ島、パタヤ、ホアヒン、チャアムなどは、リゾート地として快適な環境にありますが、タイは台風の通り道でもあり、自然災害があとを絶ちません。洪水が起こると被害範囲の想定すら難しいといわれています。「この地域は、安心して住める地域ですよ」と自信をもっていえる場所が少ないのです。

また、政情が不安であることもおすすめできない理由の一つです。政権交替が頻繁に起こり、農村中心の政権から都市中心の政権へと激しく変わります。近年でも、タクシン派の反独裁民主戦線の赤シャツ隊と、反タクシン派の民主市民連合の黄シャツ隊の対立が、政治に大きな混乱を招いています。

このような状況から、タイは、観光には訪れるに快適な場所がたくさんある国ですが、永住を考えて投資するには難しい国ということができるでしょう。また、タイは永住ビザを取得しても、毎年更新する必要があります。中心部の新築コンドミニアム平米単価は約４５００ＵＳＤで、安くはありません。

フィリピン

フィリピンは、永住ビザの取得がもっとも容易な国の一つであり、もっとも自由度の高い国です。それは、永住ビザを取得する際の条件が、一度の渡航で、しかもたった数時間の滞在で了承されるからです。

永住ビザを取るための条件としては、一定の金額を、常時、政府管轄の銀行に預けておく必要があります。35歳以上の場合は、５００万円相当、60歳を超えている場合には、１００万円相当の額になります。なおこれは、使用不能なお金と考えるべきです。

また、タイ同様に、都市における交通渋滞の激しい国でもあります。郊外にある自宅から、都心の会社までの通勤時間が2時間ぐらいかかるのは当たり前です。また、貧富の差の大きいフィリピンでは、首都マニラが象徴的ですが、大都市ほど治安が悪く、通勤や帰宅途中で襲われることも多いというのが現状です。とくに、夜遅くまで仕事をしている金融関係者の場合、帰宅途中で災難に遭うことも多いとされています。富裕層には、月曜日から金曜日までは会社近くに部屋を借りている人も多くいます。この、都市で働いている富裕層を対象に不動産投資を考えることは可能です。しかし、その対象は、富裕層というごく限られた人びとになります。しかも、治安上、マニラでの生活はおすすめできません。

大都市でもニュータウンのマカティやボニファシオグローバルシティなどは、東京なみのインフラ整備がなされ、治安も守られています。安心して住めるのは、これらのごく限定された地域になるでしょう。この地域に住んで不動産投資をすることは可能ですが、例えばコンドミニアムを貸すに際し、どのような人に貸すのかの選定が必要です。また、コンドミニアムを取得する場所も、駅の近くにあることが望ましいと思います。不動産の購入に際しては、ある程度の広さのあるコンドミニアムが供給されますが、夜遅くまで働いて、寝るだけに都心のコンドミニアムに帰ってくる人に、そのような広いスペースは必要ありません。

たとえば、５００万円相当の物件を購入し、シェアハウスにして貸す方法が考えられます。しかしそのような物件は、都心から離れたところにあるローカルエリアにあります。通勤に車で1時間以上かかるうえに治安が悪いので外国人には貸せません。都心でそのような物件を見つけることは難しいでしょう。ローカルエリアであれば、フィリピン人相手に２～３人の相部屋賃貸は考えられますが、将来の居住先にはなりません。

マカティやオルガティスなどの金融都市にランドマーク物件を見つけることは可能です。２０００万円位からの投資になりますが、利回り予想は高くても７％位ですから、家賃は11～12万円位になります。家賃３０００ドル以上を１物件で狙うなら５０００万円以上の投資が必要になります。富裕層は、家賃が高くても安心安全第一ですから、ある程度の投資額が必要になります。

フィリピンは、富裕層と貧困層とに大きく分かれていて、中間層がいない国です。治安の悪さが大都市に限らないのもフィリピンの特徴です。地方であれば治安がよい、とはいえません。しかし、治安を除外して不動産検索をしてみると、日本円にして３０００万円程度の物件を購入できる機会はあります。その物件を貸与して投資することは可能です。ただし、購入する場所、価格に関しては研究する必要があります。一般に、利回りを保証してくれる物件であればよし、とすべきでしょう。日本企業の進出も多く、日本から仕事で長期滞在する人も増えています。彼らに狙いを定めた投資のあり方も研究する必要はあります。

フィリピンは、日本と同じで地震と台風の多い国です。ですから、日本で何か事が生じた時の避難先として考えている人にはおすすめできません。しかし、治安のことを抜きにすると、長期間にわたって住むには快適な国です。セブ島、スミロン島、パラワン島、ボラカイ島など７０００を超える島からなるフィリピンには、リゾート地としても魅力的な地域がたくさんあります。

フィリピンは、日本人にとっては、不動産購入に手の届きやすい物件が多くある国です。実際、フィリピンに不動産を購入する人が多いのも事実です。しかし、不動産の投資国として選ぶには従前の研究が必要だ、と私は考えています。売れなければ、将来は自分が住んでもいい、という覚悟のある人には、フィリピンでの不動産投資も大いに考えられると思います。ちなみに、マニラ首都圏中心部の新築不動産㎡単価は約３５００ＵＳＤです。


以上のことから、コンドミニアムに住んでの永住を考えるならシンガポール、マレーシア、タイ、フィリピンがおすすめです。仮にこれらの比較的生活水準の高い国々を、東南アジアにおける「グループ１」とします。

これらの国々では、毎月の生活費に、40万円〜１００万円は要します。日本における生活の延長で、ある程度の先進国生活を希望するのであれば、このグループはおすすめできます。しかし、将来、年金生活を送ることになった時に、そのままの生活を維持できるかという不安はついて回ります。つまり、将来のライフイメージとしては、必ずしもバラ色とはいきません。

また、快適な生活を送るには適していますが、不動産投資という観点からは、現地の動向などを十分に把握したうえで研究を重ねてから行動に移すべきだと思います。なお私は、不動産投資の観点から見るなら、時期を逸してしまった地域として捉えています。

　このように海外不動産を購入する国は、将来のライフイメージで決める必要があります。


　これらの国々に対して、毎年数か月から1年未満滞在する、または1年更新での生活を考えるのであれば、カンボジア、ベトナム、ラオスがおすすめということになります。いわゆる、東南アジアにおける先進的国を「グループ１」とするなら、スローライフを希望する人には最適な「グループ２」とでもいうべき国々です。

　インドシナ半島の東部に位置し、１８８７年から１９５４年までフランスの統治下にあった旧フランス領インドシナ（仏印とも呼ばれました）であり、歴史的文化的に共通した部分の多い３国です。「東洋のパリ」といわれるほどに、かつての建物が建ち並ぶ美しい町並みが残っています。また、長期滞在するにも適した国々で、月々の生活費が5万円～15万円もあれば十分です。つまり、生活費の高いグループ１に比べると、たとえ将来、年金が破綻したとしても、このグループ２であれば、そのままの生活を維持することが可能であるということです。

　では、それらの国の実情について簡単に説明していきます。

ラオス

　ラオスの現状は、大雑把にいうなら50年前の日本と考えていいでしょう。したがって、入国することは可能なものの、旅行をするのも、住む場所を探すのも、完全な自己責任で行わなければなりません。外国人向けのコンドミニアムも、２０１４年に構想ができたものの、着工もなされていない状態で販売開始となりました。現在は完成した高層コンドミニアムがないので、投資の対象となる建物を選ぶに選べない状態です。首都のビエンチャンや古都で世界遺産にもなったルアンプラバンなど、観光には魅力的な国ですが、不動産投資には時期尚早といえるでしょう。

カンボジア

カンボジアは、１９５３年にフランスから独立した後も、ベトナム戦争下でのカンボジア内戦、ポル・ポト独裁政権下での旱魃、病疫、虐殺などが続き、国内秩序が安定しはじめたのは１９９０年代になってからです。したがって、40年前の日本の状況に現在のカンボジアがあると考えてよいでしょう。

カンボジアでの外国人向けコンドミニアム元年は２０１４年です。首都プノンペン中心部に建てられた34階建ての高級高層コンドミニアムは、１ベッドルーム月15万円程度で賃貸可能で、投資物件としても実質利回りで10％程度は見込めるとされています。今後さらに同程度のコンドミニアムの建設が予定されているともいわれ、投資先としては見逃せない国ではあります。ちなみに、中心部の新築コンドミニアム平米単価は約２０００ＵＳＤです。まだ物件が少ないですが、これから、さまざまな物件が出てくることでしょう。しかも、郊外を含めると３００万円程度からでの投資が可能です。売れない時には自分が住む、将来はカンボジアに永住したいという人は、気に入った物件が見つかった時に、購入しておくことをおすすめします。

　また、アンコールワットなどの石造り寺院が現在に残っていることからわかるように、地震や台風などの自然災害はほとんどない国です。観光としてだけではなく、日本での災害時の避難先として、カンボジアに拠点（住居）をかまえておくことは自分に対する投資になります。

　しかし、現時点では、首都プノンペンでも高層ビルは先述のコンドミニアム1棟と事務所ビルが３棟ある程度で、ほかに高層ビルはありません。また、プノンペン市での生活は、決して都市的生活とはいえません。せいぜい地方生活といったところです。そのため月に5万円もあれば生活には困らないでしょう。日本料理店も50店ほどあり、価格的には高くつきますが、困ることはありません。ただしカンボジア料理は、日本人の口に合うかというと、少々難しいと思います。

　カンボジアは、不動産購入に際しての契約金を全てＵＳＤ決済で行う東南アジア唯一の国です。また、パスポートと最低貯金金額として１００ＵＳＤがあれば、だれでも口座が開設できます。最低貯金金額は銀行によって異なりますが、ドル立てのため、日本人にとっては為替計算が楽です。しかも5年の定期貯金で6～８％という高利子がつき、３か月に1回、利子分を普通貯金に回すことのできるシステムもあり、利子分をふだんの生活に役立てられます。外国人源泉税は利子に対して14％なので、仮に１０００万円を5年間定期預金すると、税引き後約３４０万円の利子がつくことになり、これもかなり魅力的な投資です。

ベトナム

さて、いよいよ本書の主題であるベトナムの話に入ります。

ベトナムの現状は、１９８０年代、バブル期に入った時期の日本といえるでしょう。ということは、今がいちばん活気のある時期だともいえます。30年前にタイムスリップして、当時の日本を思い浮かべていただければ想像できるかと思います。国内のインフラが整備され、ある程度都市化され、高層建築物も盛んに建てられている時代（いわゆる、建設ラッシュ状況）です。高速道路も地下鉄も工事が進んでいます。このような状況は、かつて日本が経験してきただけに、みなさんも今後の予測が可能だと思います。ベトナムは今まさに、不動産の価値がうなぎ上りに上がろうとしている時期なのです。

そして、ここが大事なところですが、２０１５年７月に外国人の居住用不動産の購入が解禁されることが決まりました。これは、ほとんどの日本人が知らないことです。しかも戸建住宅も購入できるうえに、賃貸も可能になりました。

ということはつまり、今後、急激に不動産価値が上昇することを意味しています。ちなみに、中心部の新築コンドミニアムの平米単価は約１７００～２２００ＵＳＤですから、周辺国に比べてかなり安いです。

すでに、ベトナム人の間では不動産投資が進んでおり、価格が上りはじめています。２０１５年７月以降は外国人にも不動産購入が解禁され、より多くの人が投資に走るわけですから、しばらくはベトナムでの不動産争奪戦が続くことになります。

安い時に買って高くなったら売る、これが投資の大原則。その意味では、いまもっとも魅力的な国が、ベトナムなのです。

ベトナムは、日本と同じ仏教国であり、国民も日本に対する親近感をもっています。仏教寺院の建築物も多く残されており、観光に訪れる日本人も後を絶ちません。また、北部のハロン湾、バッチャン、中部のフエ、ダナン、ホイアン、ミーソン遺跡、ニャチャン、南部のホーチミン、ミトーなど多くの魅力ある観光地があります。とくに、ホーチミンには、フランス統治時代の美しい町並みも残っています。

日本各地にあるベトナム料理店に人気があるように、ベトナム料理は日本人の口によく合います。どの地域に行っても安心して食事ができるのもベトナムの魅力の一つです。また、物価も安いので安心して暮らせます。

このような観点から、不動産に投資するという目的からだけでなく、自分が永住するために不動産を購入しておくことも含めて、一度、ベトナムの不動産事情に関しては注目すべきでしょう。

なぜ、日本での不動産投資をしないのか

ところでその前に、日本での不動産投資をおすすめしない理由とはなんなのでしょうか？　なにも外国に行って不動産投資をしなくても、日本国内にも多くの不動産があるじゃないか、と思っている人もたくさんいることでしょう。全体的には下降傾向にあるとはいうものの、土地価格が上昇しているところもあります。上手に投資することによって利益を生むことはできるのでは？　と考えている人もいることは確かです。

しかし、不動産への投資を、これからはじめる人に日本の不動産をおすすめすることは、私としては、やはりできません。日本での不動産への投資は、かなり困難な状況にあると考えるからです。

その主な理由を掲げると、つぎのようになります。

1. 購入したら必ず値下がりする
2. 値下がりするのに高い
3. 部屋が狭い
4. 廊下があるため暗い
5. 固定資産税が高い

6. 修繕積立金や管理費などのイニシャルコストが高い

7. 相続税が高い

これらの理由については、同じような意見をお持ちの方も多いと思います。私が特別なことを言っているわけではありません。

なぜ日本の不動産は値下がりするのでしょうか?

今は円安が進んでいるため、外国人の不動産買いが多くなっていますが、中長期的に見た場合、不動産の値上がりは難しいと思います。

その最大の要因は、少子高齢化の日本にあっては、今後ますます人口減、高齢者増の傾向が進むからです。

日本の平均寿命は80歳以上です。アジアでの最高齢どころか、世界の最高の水準です。65歳以上の高齢者が、２０１４年の段階で人口の25%を超えている国です。じつに国民の４人に１人、３０００万人が高齢者なのです。

この高齢者たちの多くが持家です。この人たちが、これ以上、不動産（持家）を買ってもあまり意味がありません。子どもが少ないか、いない世帯が増えるのですから、持ち家があってもそれを相続する人がいない状態なのです。

では、一軒家やアパートを買って賃貸大家さんになる方法はどうか?　これも、少子化で子どもが少なくなっていくわけですから、賃貸ニーズはどんどん下がっていきます。ほんのわずかな人気エリア以外では、賃貸で収入を得ることができなくなり、空き部屋が多くなり、利回りが下がっていきます。

現在、不動産会社に行くと、一棟売り物件がたくさんあります。地方だと２０００万円から購入できるものもあります。利回りは８～12％とでかでかとうたっていますが、横に小さく「満室の場合」と書いてあります。地方の駅から徒歩15分～20分という物件を借りる人はほとんどいない、というのが現状です。

今後も確実に賃貸収入が成り立つのは、首都中心部のど真ん中にある物件です。しかし、港・中央・千代田といった人気エリアの物件は億単位で、とても庶民に手が出るものではありません。

また、ますます高齢者が多くなっていく現状にあって、今後、介護の問題はどうなるのでしょうか？

増え続ける高齢者に、年金は、医療はどうするのでしょうか？

その答を誰ももっていないのではないでしょうか？

首都圏で多くの住宅を供給している、ある住宅メーカーの展示場に行ったことがあります。玄関には大きな段差があり、車いすがとても通れそうにない狭い廊下の新築が、今なお、続々と販売されています。昔ながらの規格で作られた住宅群です。おそらく、この規格で審査は通るのでしょうが、とても高齢者の立場に立った住宅ではありません。車椅子で外から直接玄関に入ったり、廊下に手摺りをつけるなどして、高齢者の歩行を補助するというような配慮はありません。仮に、高い修理費を支払って廊下に手摺りをつけると、さらに廊下は狭まり、車椅子での移動はむしろ困難になるでしょう。若い人は気にならないのでしょうが、今後10年20年経った時に、この家は売れるのでしょうか？　あるいは、今は若い人がやがて歳をとった時にも、この住宅に住み続けることができるのでしょうか？

　こんな現状を見るにつけ、日本での不動産の先行きは案じられるばかりです。

　そしてなにより、現在の日本の不動産は、投資の対象にはならないのです。

1．私の経験からも東京23区で１９９１年に５４００万円で購入したマンションは、２０１５年現在１８００万円（67％ディスカウント）でも売却できない
2．２０００年以降販売されたマンションも５～10％以上値下がりしている。
3．家賃の下落も30～40％起きている地域が多い
4．地方に行くほどこの傾向は顕著になる
5．値上がりしているのは都心３区とオリンピック関係のところに限定されている
6．日本の不動産は円安で外国人が投資しているため値上がりしているにすぎない
7．固定資産税が高い
8．修繕積立金が高い。（必要のない大規模修繕を10～15年サイクルで行うため）

9. 地震国なので建築費が高い
10. 震災とオリンピック需要で建設費が高騰している
11. 少子化で人口が減少し将来の賃貸需要が下がる
12. 高齢化で老人の賃貸需要は高まるが年金の破綻で家賃未払いが増加する
13. 職人が足りず人件費が高騰している

ベトナムにおける不動産の魅力

先に述べたように、私が、これからの東南アジアにおける不動産投資の中でベトナムを強くおすすめする最大の理由は、２０１５年7月に外国人に居住用不動産の購入が解禁されるということですが、その他の理由は、つぎのようなものです。

1. 物価が安い。平均すると日本の1／5程度です（ただし、日本食は除きます）
2. フランス統治が長かったために、パンとコーヒーが美味しく、しかも安い（50～１００円程度）
3. 食事が日本食に似ていて美味しい

4. 気候が温暖（とくに、南部）で、一年中暮らしやすい。夜は気温が下がり、過ごしやすい
5. 親日派の人が多い
6. 勤勉な国民性
7. 安定した政治と治安
8. 英語が通じて、明るい人柄の人が多い
9. 地震も台風（南部）もなく、災害の少ない国
10. 日本語の通じる病院やインターナショナルスクールがたくさんある
11. すでにハイエンドクラスの超高層コンドミニアムが多数存在する
12. 都市の成熟度の割に物件が安い
13. 外国人の居住用不動産の取得が解禁され、不動産の値上りが期待できる
14. 固定資産税がない
15. 不動産登記がきちんとできる国
16. 平均年齢が27歳と若く活気のある国
17. 人口が増加している

などがあげられます。

このような諸項目にわたる理由から、私はベトナムをおすすめするのです。中でも、「親日派が

多い」「食事が日本食に似ている」は、安心して住むためには大きな要因になります。「物件が安い」「固定資産税がない」「人口が増加している」「地震・台風などの災害がない」は、不動産投資には大きな要因になります。以上のことからも、私がベトナムを強く推す理由がおわかりいただけるのではないでしょうか。

また、２０１４年3月24日にリリースされた、不動産やマンション・一戸建て住宅の検索サイトを運営している「オウチーノ総研」によると、「年収３０００万円あって海外不動産に投資するとしたらどの国を選ぶ?」という調査では、世界のトップ3に「アメリカ（ハワイ）」「シンガポール」「ベトナム」が選ばれました。ベトナムを選んだ理由は、「今後発展が期待できるから」という意見がもっとも多く、続いて「国民が勤勉で真面目だから」といった、ベトナム人の国民性をあげる声が多かったそうです。

第3章　ベトナムの不動産を購入する

これまでの説明で、日本での不動産投資は、利益を生む対象にならないこと、ベトナムでの不動産投資が、今後大いに魅力的であることが明らかになりました。

しかし、ベトナムで不動産投資をするためには、何度もベトナムに足を運ぶ必要があります。日本にいて、インターネットや電話1本で不動産投資をするというわけにはいきません。何度も訪れることになるのですから、多少のベトナムでの生活事情について把握しておくことは必要でしょう。つぎに、長期ベトナム滞在するようになった時の参考になるような基本的な情報を紹介します。

生活上でのメリット

経済的なメリット

先にも紹介したように、ベトナムの物価は日本のほぼ1／5程度です。さらに、銀行預金金利は1年定期で7％強という高利率の銀行もあり、所得税も月給900万ドン（約4万5000円）までは無税です。所得税は、日本では収入額に対してかかりますが、ベトナムでは基本給にだけかかります。その結果、ベトナムでの所得税額はかなり安くなっています。また、ベトナムには住民税がありませんし、固定資産税もありません。そのため、コンドミニアムを所有していることによる税金はかかりません。また、不動産を賃貸する場合にも、所得合算課税でないため、家賃収入だけに課税されるので、いくら給与所得があっても家賃の10％程度の納税で済むことになります。

このように考えると、コンドミニアムを所有している場合、１か月の生活費が数万円を超えることはないでしょう。

身体的メリット

現在、日本人の25％が花粉症に悩んでおり、将来的にはその数がもっと増えると懸念されています。ベトナムには花粉症がありません。また、偏西風の関係から、中国からのＰＭ２・５も飛来しません。温暖な地域なので腰痛や関節痛に悩む人も少なく、一年中、快適な生活を送れます。

また、ベトナムには多くのゴルフ場があり、とても安い値段でゲームを楽しむことができます。まだまだお金持ちのスポーツの範疇に入っているので、ゴルフ人口が少なく、平日は予約なしで、おおむね４～５０００円程度でプレーを楽しむことができます。18ホールスループレーなので、ゴルフを終えてから市内に戻り、ゆっくり食事をとるスタイルです。

日本人が好きなマッサージも60分10ドルぐらいから提供している店がたくさんあるので、疲れを癒すことができます。

災害がない

ベトナムのさらなる魅力は、自然災害の少ないことです。地震国の日本と違い、ベトナムには地震や火山の噴火がありません。台風はフィリピン沖で発生するため、北部の地域では年に数回通過することがありますが、南部では台風に遭遇することがありません。ちなみに、南部のホーチミン市では、5月から10月の雨季にはまとまった雨が降りますが、日本の梅雨時のように一日中雨が降り続くことはありません。一時的なスコールがやって来ては止み、晴天になるといった具合です。11月から3月の乾季には、湿度も低く快適です。ただし、陽射しはかなり強烈です。サングラスは常用しましょう。

なぜベトナムに魅かれるのか

ベトナムに行った人それぞれに、ベトナムに対しての感想をお持ちでしょうが、ここでは私個人の感想を紹介させていただきます。

2010年7月、私は初めて、ベトナムの地に降り立ちました。初めてベトナムを訪れた時の、「なんだ　これは!」の衝撃的な光景は、今も忘れることができません。

ホーチミン市のタンソンニャット国際空港に降り立った時、共産国という緊張感の中でイミグ

タンソンニャット国際空港は１日中出迎えの人であふれている

レーションと手荷物のレントゲン検査を終え、緊張した面持ちを抱えながら空港の外に出たのです。

そして、その衝撃は、一歩空港の外に出た途端、熱風とともに襲いかかってきたのです。

それは、大勢のベトナム人の好奇に満ちた目が私を襲ってきたことです。

この熱気、人びとのこの活気は何だ！

バイクの洪水は何だ！

車とバイクのジェットコースター状態は何だ！

人びとの若さは何だ！

とにかくホテルに着くまでに、今までの経験ではありえなかった熱気が、喧騒が完全に私の心を虜にしました。

これが日常的な空港での光景なのです。

夜の10時をすぎているというのに、子ども連れの大人も大勢います。

これがベトナムなんだ。

それからは、取りつかれたように毎月ホーチミン市に通うようになり、カフェレストランをタイバンルンに開業し、駐在員事務所も作り、ついに投資ライセンスを取得して、ベトナムで不動産とコンサルタント会社を設立するまでになりました。

何回かの出入国を繰り返すことでわかったのですが、ベトナム人にとっては外国に行くということは特別なことだそうです。見送りも迎えも家族総出で行うものなのです。この光景は、ベトナムとのファーストコンタクトとして強烈な体験でした。ほかの東南アジアのどの国に行っても、これほど熱気に満ちた空港の光景を、私は知りません。

そして、この光景は、なにも空港だけに限ったことではありません。空港からタクシーに乗り、ホテルに続く道路でも、至るところバイクの列であふれ、人びとのざわめき、熱気を感じるのです。

ベトナムで事業をおこなうようになった経緯

それまでは、中高生くらいのころにテレビで見ていたベトナム戦争のイメージが強く、正直行ってみたいと考えたことはありませんでした。

そんな私が、初めてベトナムのハノイを訪れた時には、古い町並みが続くだけの鄙びた町だなあ、子どものころに私が住んでいた町に似ているなあ、といった程度の印象でした。ところが、ホーチミン市のタンソンニャット国際空港に降り立った時の「なんだこれは！」という衝撃は本当に強烈でした。そういう経験があって、ホーチミン市に一層入れ込んでしまったのかも知れません。

我ながら、ここまで入れ込んだら筋金入りだと思います。

ホーチミン市に住むようになって足かけ4年になりますが、それは２０１０年に体験した衝撃からホーチミン市で何か商売がしたいとの強い思いを、抑えることができなかったからなのです。

２０１０年12月に、弊社主催新卒向けの会社説明会を開催しました。もちろんホーチミン市勤務限定です。10名の大学生が参加し、面接希望者が９名でした。大阪から来た関西外国語大学の学生を内定しました。

内定者に何をやりたいのか尋ねると、ホーチミン市でカフェをやりたいとの強い希望でした。小売業を考えていた私は、彼の希望を叶えるべく、ホーチミン市にカフェレストランを開業したのです。それからベトナム人女子大学生も採用し、２人で起業させることにしました。この２人は、のちに結婚することになります。なんともハッピーなことです。

オープンした24席のカフェレストランでは、頑張っても月の売上が約1億ドン（1円＝２００ドン、1ＵＳＤ＝１００円）で約50万円ほどです。1階だけの家賃なら何とかしのげますが、ベトナムは３〜４階建一軒家の1棟貸が一般的なので、1区中心部にある日本人街だと、最低月家賃が２０００ＵＳＤくらいします。表通りのレタントン通り、タイバンルン通りに面した建物だと、月４０００〜６０００ＵＳＤもするため、ある程度単価の高い居酒屋系でないと経営できません。

そこで目を付けたのが、ヘム（路地）にある住宅地でした。ここでは住居地域なので商業用に賃料が設定されていないため、比較的安く借りられます。また、場所がいいので2階を事務所、３階を社員寮としてスタートしました。

日本人が多く住んでいるため、お客さんの95％が日本人でした。コーヒーよりも、安い定食を希望される方が多く、カフェはいつしか食堂となってしまいました。日本人は朝早く仕事に出かけ、夜遅く帰宅するので、コーヒーを飲む時間がないのです。

残念ながらこのカフェレストランは、２０１４年12月で閉店しましたが、現在私たちがベトナムでおこなっている不動産業は、その時の経験や情報がベースとなっています。

ベトナムには、さまざまな魅力がありますが、ビザについては面倒なことがありました。ロングステイビザ、永住ビザがなく、短期滞在用のビザも最長3か月しかないのです。

それより長く滞在するには、労働許可証と在留ビザを申請して労働しなければなりませんでした。地球で僅かに残った社会主義国の一つですから、なかなか外国人には開放されませんでした。しかし、ついに２０１５年7月に住宅法が改正され、1月には入国管理法も改正されて、労働許可の必要ない5年ビザも誕生しました。

数少ない社会主義国のうち、キューバが２０１５年にアメリカとの国交回復をはたし、不動産の解禁に向けて動き出しました。ラオスは２０１７年に初のコンドミニアムが建設され、非居住外国人向け販売を開始しています。ベトナムが解禁することで、最後の扉が開かれたのです。

ベトナムの魅力とは

ロングステイ財団によると、日本人が住みたい国8年連続No.1はマレーシアですが、2位は3年連続でタイとなっています。ベトナムは非居住外国人の不動産購入ができず、賃貸も不可で、ビザも厳しかったため、タイに人気が流れたといわれています。タイにはリタイヤメントビザがあり、パスポートだけで不動産が購入できる手軽さもあり、3か月以上の長期在留日本人は5万人を超えています。対してベトナムは1万人に満たない状態です。でも実際の数はもっと多いのかもしれません。ベトナムで日本人向けの雑誌を配布している会社に聞くと、配布部数は2万冊を超えているということです。

では、ベトナムの魅力とは何でしょうか。

年配の方は、子どものころの日本とそっくりだ、料理の味が日本人に合っているなどとよく言われます。

でも、私に言わせれば、パラダイスとはここのことなのです。

そのパラダイスとは、ただの平穏な生活を送れる地としてのそれではありません。人びとが将来の夢に向かって歩み続けるエネルギー。自分の夢を成しとげるために努力するエネルギー。そして、国全体が大きく歩み出そうとしている時代の熱気。それを一番感じる国が、ここ、ベトナムなのです。

この熱気こそが、現在のベトナムの凄まじいまでの発展に結びついているのではないでしょうか。まさに、バブル期の日本以上の熱気を感じさせているのが、今のベトナムなのです。

ということは、すでにバブルを経験してきた日本人にとっては、どのようなタイミングで不動産に投資し、どの段階で手を引くべきか、という状況判断ができるということです。ベトナムでの不動産の状況を見抜きながら投資ができる、これが、不動産に関わるものとしてベトナムに魅かれている最大の要素です。

ちなみに、弊社の現地法人であるエスパシオベトナムは、ベトナムにおける「不動産サービス投資ライセンス」というものを取得しています。これは、ベトナムにおける不動産仲介の免許といってもいいでしょう。現地のローカル企業で不動産ライセンスをもっているところはたくさんありますが、これは「経営ライセンス」で、活動はベトナム国内に限られます。

一方、「投資ライセンス」は、外資系企業にだけ付与されるもので、利益の海外送金が認められています。たとえば、当社が企画した不動産開発にファンド的に参加した場合にも、日本で配当金を得られます。

日本の会社に限らず、ベトナムで不動産サービス投資ライセンスを持っている外資系企業はほとんどありません。というのも、今までは不動産購入に制限があったため、賃貸不動産業しか成り立たなかったからです。取得に費用も時間もかかる投資ライセンスを取得する必要がなかったのだともいえます。

でも私は、ベトナムという国を好きになり、ベトナムの熱気に魅了されて、投資ライセンスを取得しました。ちなみに、投資ライセンス許可を得ることができる企業は、日本での経験や実績を厳しく審査されます。つまり、ベトナム政府からのお墨付きを貰っているということでもあります。
弊社は今までの海外不動産販売実績が認められて、投資ライセンスが取得できました。

ベトナム概要

正式名称：ベトナム社会主義共和国、通称、ベトナム。東アジア・東南アジアのインドシナ半島　東部に位置する社会主義共和制国家。ASEAN 加盟国。

面積：33万㎢メートル（ほぼ九州を除く日本と同じ）。国土は南北に長く、北は中国、西はラオス、南西はカンボジアと国境を接する。東は南シナ海に面し、フィリピンと対する。

首都：ハノイ。

人口：9,170万人（90％がベトナム人）。

言語：ベトナム語。

通貨：VND ドン（この本では１日本円を200ドンで換算します）。

主要産業：農業、繊維業、建設業。

主輸出品目：原油、衣料品、農水産物。コーヒーの輸出量は世界第2位。カシューナッツ・黒胡椒の輸出量は世界の33％。茶、ゴムの輸出。

経済成長率：5.98％（2014年）

一人当たりの名目 GDP：2,052USD（2014年）

インフレ率：4.1％（2014年）

ベトナム南部（ホーチミン）の気候

一年中温暖で過ごしやすい地域ですが、雨季前の4～5月が一番暑い時期。この時期には湿気も高くじっとりとした暑さを感じます。乾季となる11～4月が比較的過ごしやすい季節です。

月別	1	2	3	4	5	6	7	8	9	10	11	12
最高気温(℃)	32	33	34	35	35	32	31	31	31	31	31	31
最低気温(℃)	21	22	23	25	25	24	24	24	24	23	23	22
降水量(mm)	14	4	12	50	221	315	298	274	332	264	115	51

ベトナム中部（フエ）の気候

ベトナムの南部ほど雨季と乾季の違いがありませんが、9～12月ぐらいが雨季で、日本の梅雨のようなジトジトとした雨の降り方です。旅行に適しているのは乾季に入る3月以降ですが、7月8月あたりは暑いので、暑さ対策が必要です。

月別	1	2	3	4	5	6	7	8	9	10	11	12
最高気温(℃)	28	28	29	31	31	33	33	32	32	31	30	30
最低気温(℃)	23	23	25	26	26	27	28	28	26	24	24	23
降水量(mm)	187	89	57	67	78	104	76	125	492	744	594	346

ベトナム北部（ハノイ）の気候

北部のハノイは亜熱帯気候に属する地域で、四季らしきものがあります。1月下旬から4月ぐらいまでは日本の晩秋のような気候で日中は過ごしやすいですが、朝晩は冷え込みます。 逆に5～9月の雨季は大変暑く、雨量もかなり増えます。また、年に何回か台風が来ることから洪水の恐れがあります。

月別	1	2	3	4	5	6	7	8	9	10	11	12
最高気温(℃)	20	20	23	27	32	33	33	32	31	29	26	22
最低気温(℃)	14	15	18	21	24	26	26	25	24	22	18	15
降水量(mm)	18	26	48	81	194	286	302	328	262	123	47	20

ベトナムの経済状況

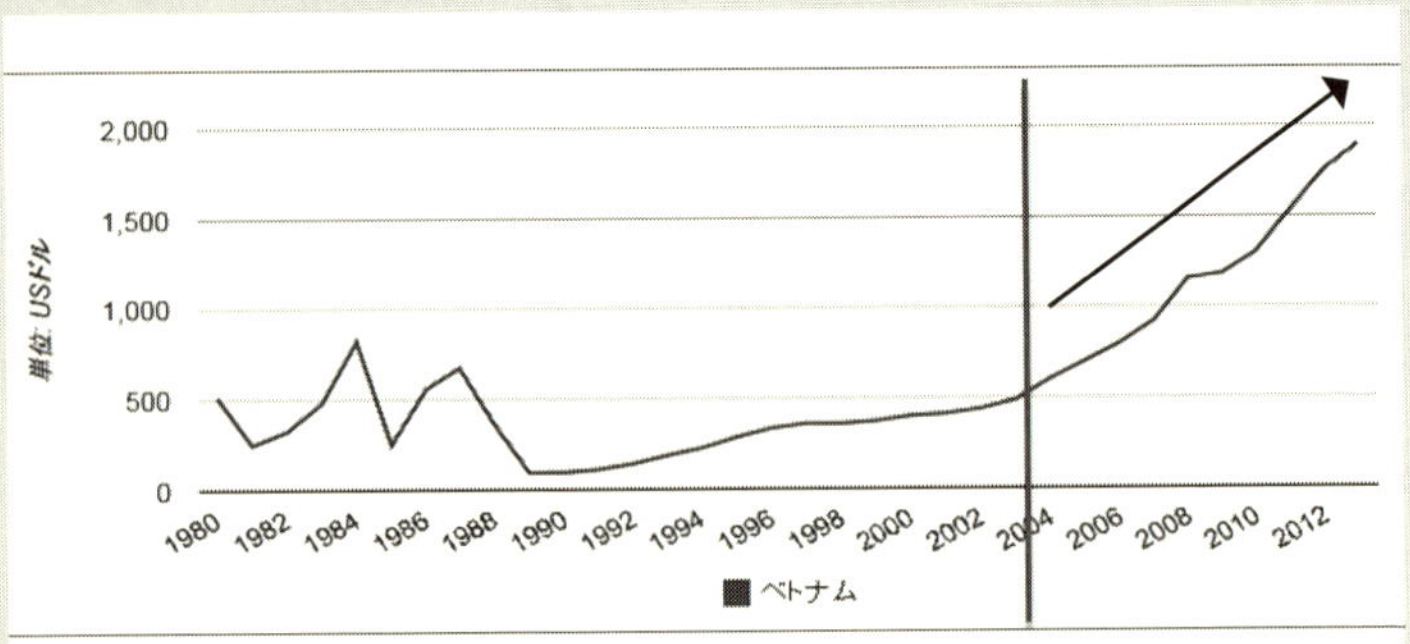

一人当たりの名目 GDP は2014年 IMF 推計値で2,052USD に達した模様です。
1,000ドルを超えると購買力が上がり食品スーパーのチェーン店が経営可能になるといわれています。
ホーチミンでは3,500USD に達したとみられており、コンビニの展開が加速する状況にあります。

ベトナムの経済成長率の推移

日本と比較のグラフは　http://ecodb.net/country/VN/imf_growth.html

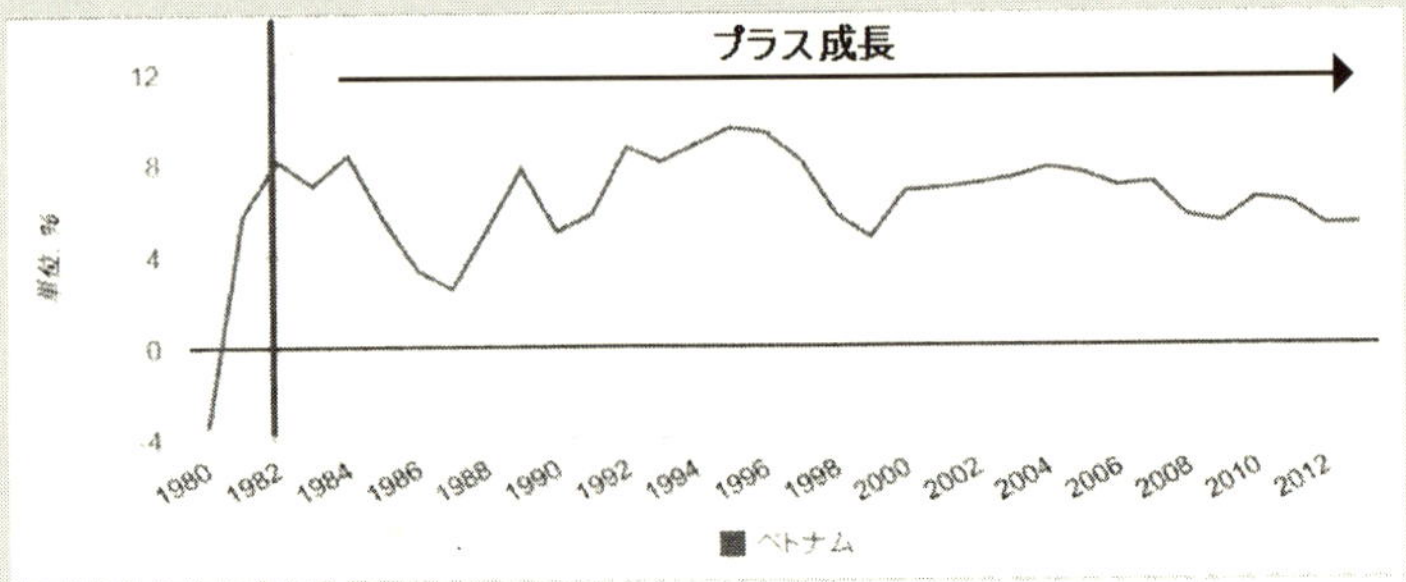

2011年までは6%を超える成長を続けていました。
2012年から5%台で推移しています。これは経済成長率が高くなるとインフレ圧力が強まり、2ケタ台のインフレになることから総量規制を行っていることが原因です。そのため不動産価格の下落が激しく非常にお買い得となっています。
今後は5%台で推移すると予想されています。

ベトナムの人口推移

ベトナムの人口の推移(1980～2013年)。

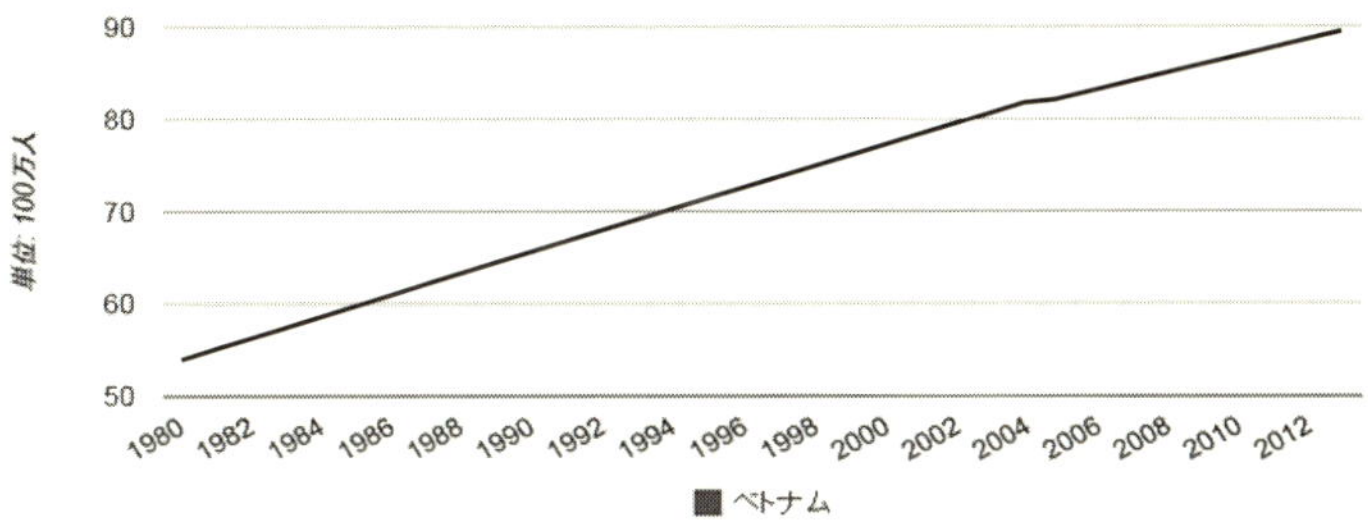

ベトナムの人口は毎年約1％ずつ増加しています。
2013年に9000万人の大台に乗りました。
投資の条件に人口増加国が挙げられます。

人口構成 2010

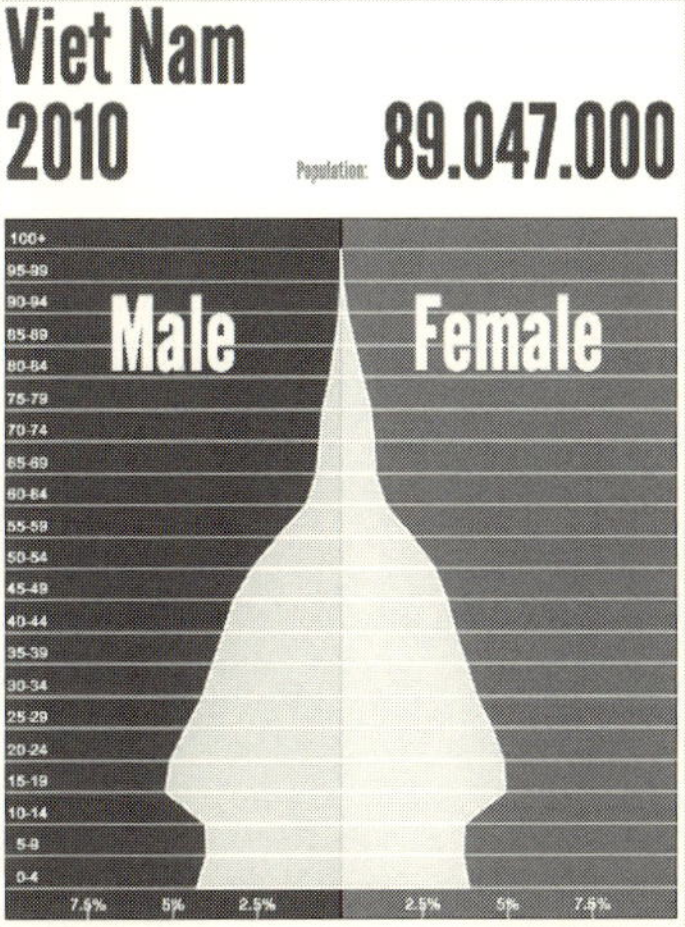

ベトナム

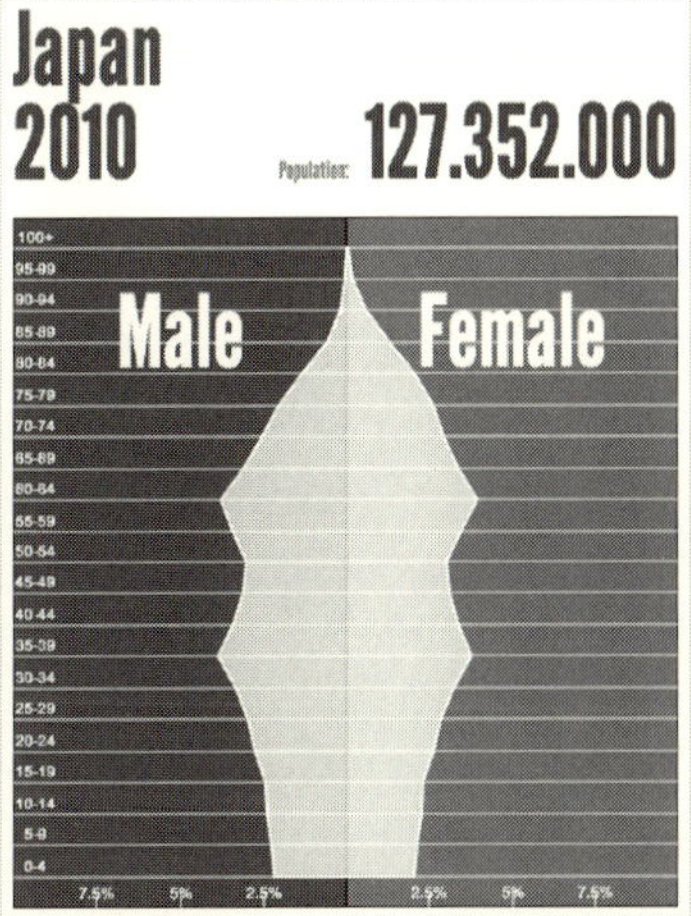

日本

2010年のベトナムの人口構成では、15～29歳の人口がもっとも多いのに対し、日本は60～64歳、35～39歳が多く高齢化が進んでいます。

人口構成　2020

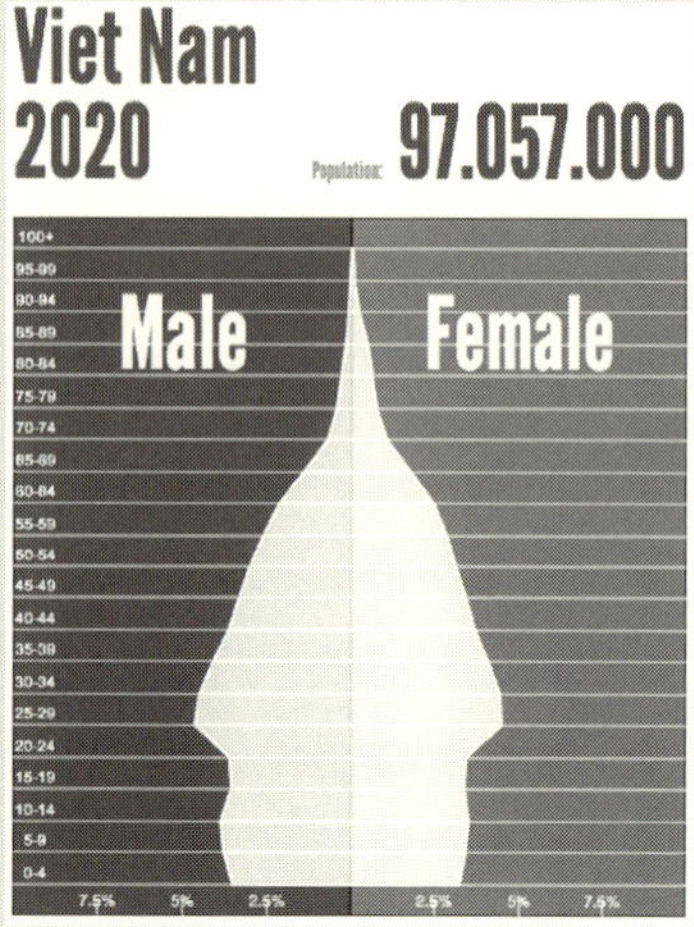

ベトナム

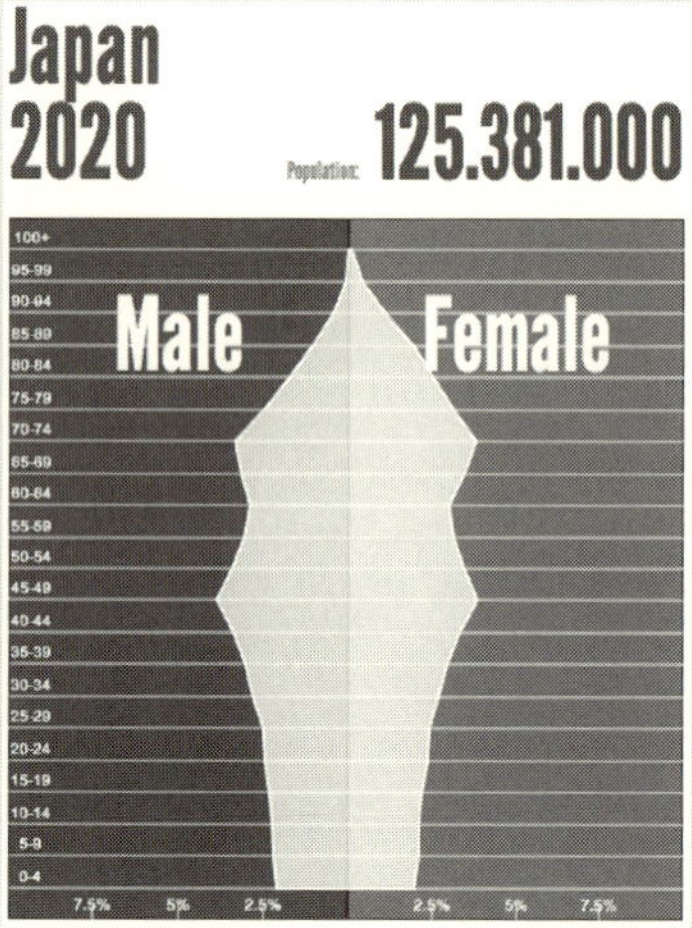

日本

日本はますます高齢化が進み、2020年の人口構成は完全な高齢社会になっています。

ベトナム社会主義共和国の歴史

紀元前	中国による支配
40年	チュン姉妹（ハイバー・チュン）による後漢への抵抗
1010年	李朝ハノイ遷都
1283年	チャオフンダオ将軍による元寇の撃退
1406年	中国の明軍が侵攻
1428年	レロイによる明からの独立と黎朝の建国
19世紀	フランスの植民地化
1945年	ベトナム独立宣言
1954年	ディエンビンフー戦でフランスに勝利（ジュネーブ協定で南北分割）
1962年	ベトナム戦争
1975年４月30日	サイゴン陥落（ベトナム戦争終結）

1978年12月25日	ベトナムがカンボジアに侵攻
1979年2月	越中国境軍事衝突
1980年	大量の中国人、ベトナム人がボートピープルとして経済難民となる
1981年１月	中央集権的な社会主義政策を残して、一部市場経済を取り入れる政令21を発表
1986年12月	第６回ベトナム共産党中央大会で、グエン・バン・リン共産党書記長が新経済政策「ドイモイ」を発表 国営企業は原材料や資源を自由に市場で流通できるようになる 経営の決定権は国から国営企業に移管
1989年９月	ベトナムがカンボジアから撤退
1991年12月	ソ連崩壊
1994年８月	アメリカ議会がベトナム経済制裁全面解除
1994年～95年	第１次ベトナム投資ブーム
1995年７月	米越国交正常化
1998年	APEC（アジア太平洋経済協力会議）へ正式参加
2000年７月	ホーチミン証券取引所２社上場で開設
2002年２月	米越２国間通商協定発効　第２次ベトナム投資ブーム
2007年１月	WTO 加盟　不動産・株の高騰
2008年	CPI 高騰問題、リーマンショック
2008年６月	住宅法が改正されコンドミニアムは一定の制限付で初めて外国人が購入可能に
2012年	不動産価格下落に鈍化がみられる
2013年	中心部不動産、2020年開通予定地下鉄沿線価格に上昇傾向がみられる
2014年11月	改正住宅法が国会承認
2015年１月	入国管理法が改正され労働許可に関係なく1年以上のビザが新設される
2015年７月	改正住宅法施行

ベトナムでの不動産の売買状況

ベトナムの不動産市況は活況を呈しています（次ページ資料参照）。

２００８年にピークを迎えた不動産価格は、リーマンショックによって大きく値下がりしました。平均的に30％以上下落したと考えられます。その後２０１３年から市況が回復しはじめて、２０１４年11月に改正住宅法が発表されると大型プロジェクトの発売が開始され、完売状態が続いています。購入者はベトナム人の富裕層で、１人で何件も購入している人が大勢います。２０１５年７月の外国人不動産購入解禁で、転売する目的の人も多くいます。

人気物件を購入した人が、５～10％の利益を乗せて再販しているケースもあります。

私も知人から、購入した物件を再販してもいいよとの話をもらいます。しかし、ベトナムに行く前に別の人が買い取ってしまいます。すぐに行動しないといい物件を購入できないという活況ぶりです。

弊社が社宅で借りている物件も利回り７～８％です。また、販売した物件の利回りも賃貸保証の数字からも読み取れます。

例えば16万ドルで購入した、２０１５年中に完成予定の99㎡の分譲物件だと、デベロッパーの賃

ベトナム不動産のサイクル

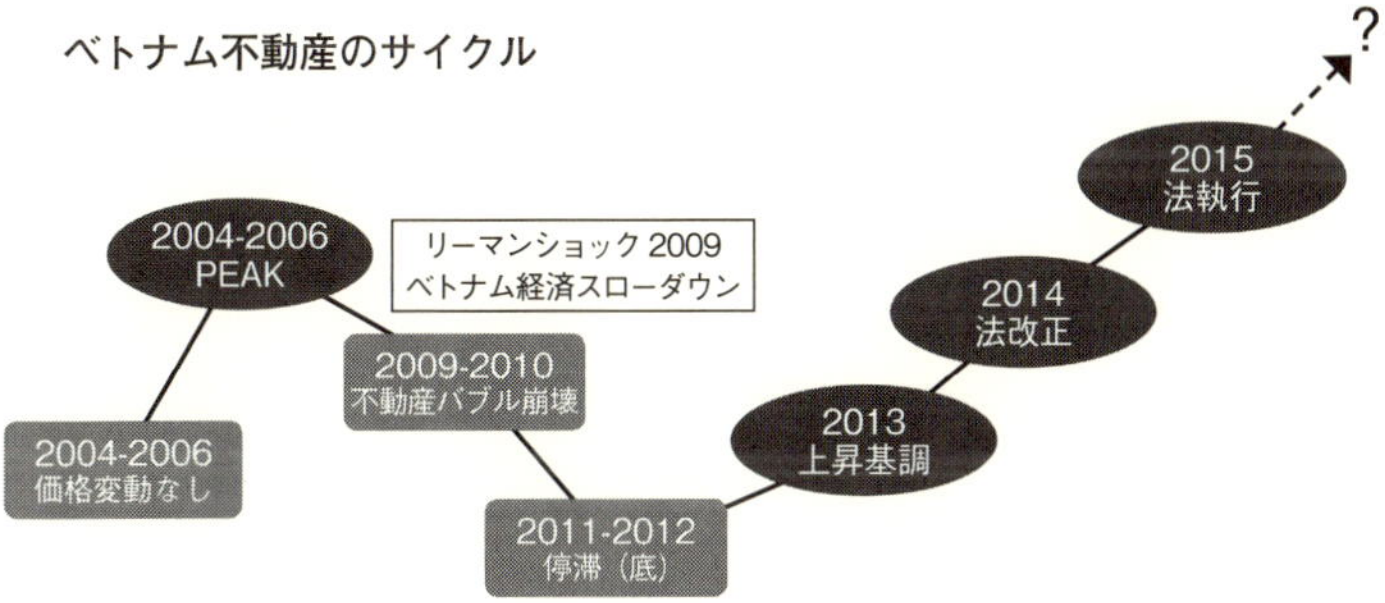

貸保証額は月１０００ドルです。これは利回り７・５％ですね。あくまでも私の読みですが、今後の状態としては10％を下回ることはないのではないでしょうか。もちろん、優良物件は家賃が上がり、それより劣るところは家賃が下がります。いかにして都心中心部の駅近く物件を購入するかで、利回りは変わってきます。これはどの国にも共通することだと思います。

ベトナムは２０２０年に初めての地下鉄が完成します。そのため駅周辺の物件が値上がりしています。都心に近く駅に近い物件ほど利回りがよくなると考えられます。

ただ、このような物件は供給数がまだまだ少なく、すぐに完売してしまいます。

ベトナムの物件は、ほぼ1か月以内に完売するというのが現状です。ですから、「今回は見るだけにして検討材料とし、次回来たときに結論を出そう」などといっている時間はありません。つぎに来たときには、その物件はもうないからです。

２０１５年６月までは、外国人の不動産購入は許可されていませんでしたので、これはあくまでベトナム人同士の売買でのことです。物件が1か月以内に完売するという状況は、ほかの国ではあり得ません。ふつう、4～5か月は残っているものです。それほどにベトナムでの不動産投資は活況だということです。

これは、ベトナムの中間層レベルが上がっていることにも関係しているのでしょう。実際に、中間層レベルのベトナム人が、不動産への投資に積極的なのです。あるコンドミニアム内に、一人で何戸もの物件を所有している人もいると聞きます。ベトナム人にとっては、金利以上に魅力的な投資が不動産なのです。弊社が賃貸している34階建て6棟物件に23戸所有している人もいます。

この状況に加えて、２０１５年７月からは外国人の居住用不動産の売買が解禁されるのです。現在は、ベトナム人同士で行われている不動産への投資に、外国人が参加することになります。不動産の価値がさらに高まるのは目に見えています。

では、ベトナムでの不動産売買はどのようになされているのでしょうか。具体的にみていきましょう。

ベトナムにおける不動産の探し方

海外不動産を探すときは、まずインターネットで調査することが多いですね。現地に関連会社をもっているところが安心だといえます。日本で相談してから、現地入りして案内してもらえるからです。

では、現地に会社をもっている不動産業者の中でどこを選ぶかですが、これはなかなか難しいといえます。素晴らしく立派なホームページを作っていて大丈夫かと思っていたら、詐欺グループだった、ということもありました。

私がおすすめするのは、現地に会社があって、日本の出資会社がしっかりした企業であるところです。出資会社の会社概要や業績が紹介されていないところは避けたほうがいいと思います。また、代表者の経歴が載っていなかったり、設立したばかりの企業にも慎重な対応が必要だといえます。よさそうなところが見つかったら、ウェブ上から問合せや申込をして、実際にその会社を訪問して雰囲気をつかみます。信用できそうだと思えれば、具体的な相談を開始します。

ちなみに、弊社の現地法人は有限会社エスパシオベトナムとなっています。日本の投資会社（親会社）である株式会社エスパシオコンサルタントは、１９９１年の設立です。創業24年を迎えた、商業環境コンサルタントで業界ナンバーワンの企業です。ベトナムに不動産会社を設立したのは、もともとは日本の大型小売業界の東南アジア進出サポートが目的でした。取引企業のほとんどが１部上場会社です。

ベトナムでの不動産投資については、２０１０年頃から調査を開始しており、前述のように現地法人も設立しています。手前味噌ですが、日本では最も準備のできている会社だと思っています。

URL:http://espa-life.com/

外国人はローンを組めない

さて、ベトナムで不動産を購入するためには、現地に行くことになります。手に入れたい物件がみつかれば、デポジット（保証金、預かり金）を払うことになります。これは、口約束や仮契約などをし、のちになって契約を反古にしたり、消息不明になった時などに備えての保証金です。一般には、5000万ドンから1億ドン（25万円から50万円ぐらい）支払うシステムになっています。デポジットの支払いは、ビザカードやマスターカードでの支払いも可能です。契約を破棄した時には、このデポジット代金は戻ってきません。

すでに説明したように、気に入った物件を入手するためには即決が求められます。しかも、払ったら戻ってこないデポジットを支払わなければなりません。かといって、購入を躊躇していると物件はすぐになくなります。そして物件の価格はみるみるうちに上がっていきます。ベトナムでの不動産投資には、確かな目と正しい判断が求められます。そして、本気で買う気持ちが必要です。

つぎに、デポジット契約から7日以内に、10％から20％の頭金の支払いが求められます。頭金を払うまでの猶予はわずか7日間。一度日本に帰り、お金を用意して、再びベトナムに来るという猶予はありません。日本からベトナムに頭金を送金する場合も8～10日かかります。つまり不動産を購入するつもりでベトナムに来るのなら、頭金までの現金をあらかじめ用意しておく必要がありま す。この7日間の猶予期間を過ぎてしまうと、契約不履行とみなされて、購入資格を剥奪されてしまいます。もちろん、デポジットは戻ってきません。大体３００万円くらいは現金が必要になります。

ただし、もし購入しなかった場合は、ベトナムに銀行口座を作り、持参したキャッシュを預けておくこともできます。そうすると、再チャレンジするときに現金を持っていく必要がなくなります。ただし注意したいのは、申告をしないでベトナム国内に持ち込んだ現金は、１回につき５０００ドルまでしか持ち出すことができません。

ベトナムでは、２０１５年6月まで外国人がローンを組むことはできませんでした。したがって、不動産の売買は、すべてベトナム通貨での現金取引になります。ですから、ベトナムに来る段階で、３００万円から４００万円をキャッシュで持参することが必要です。２０１５年7月からは法改正により外国人もローンを組めるようにはなるのですが、借入金利が約10％もするので、利用しないほうがいいと思います。

先に説明したように、ベトナムでの銀行口座は簡単に作れます。しかも利率も高いので、投資的役割も果たせます。ベトナムの下見に来た折や、１回目に投資できなかった場合には、ベトナムドンでの貯金口座を開設しておくことをおすすめします。そうすれば、不動産を購入する時に、慌てることなく対応できます。

頭金を払い、売買契約が成立すると、本契約のために、およそ2週間後には再びベトナムに行く必要があります。約40ページに及ぶベトナム語と英語の書類、全ページにサインをするためです。

この時のサインは、全てパスポートに記載されているサインと同じであることが求められます。アルファベットでサインしている人はまだ楽ですが、漢字でサインしている人の場合には結構大変な作業です。

ちなみに、この契約書のベトナム語と英語の内容とに齟齬があることがあります。ベトナム語の内容を完全に英訳することが困難だからです。この場合には、ベトナム語の内容が優先されます。

この本契約書にサインをすることで、不動産は初めて自分のものになります。ただし、ベトナムの新築不動産はプレビルト制なので、建物ができるまで月に換算すると物件価格の約5％ほどの代金を2～3カ月ごとに払う、分割払いが一般的です。支払いながら完成まで1～2年間待つことになります。一括払いも可能で、その場合は物件価格の7～15％が割引されます。

ベトナムでの不動産購入は、２０１５年7月から外国人に解禁されますが、これは、永久に不動産を所有できるというわけではありません。入国許可のあるビザを取得した者に、50年間の所有権を与える、というものです。ビザがないと所有権の取得はできません※。

ただし50年後に延長、相続、贈与が可能です。売買はいつでもできます。外国人に売却した場合は売った時点から50年間の所有権が認められます。ベトナム人に売却した場合は長期所有権となります。ベトナムには永久所有権という考え方はありません。なぜなら社会主義国なので、土地はすべて政府のものだからです。

また、建物が完成し、鍵の引き渡しが終わった段階から管理費が発生します。不動産登記も必要になります。順序としては、建物完成通知が来ると修繕積立金を支払います。物件価格の２％が一般的です。その後内覧、鍵の引き渡しとなります。鍵の引き渡し後、管理費、水道光熱費を支払います。引き渡しまでの分は現金支払い、それ以降は銀行引き落としにしておくと支払いはスムーズにいきます。管理費は物件により異なりますが０・５～０・８ＵＳＤ／㎡くらいです。

不動産登記についてはデベロッパーが行います。必要書類を提出して登記完了を待つだけです。登記手数料は物件価格の０・５％です。

これとは別にデベロッパーに登記完了後に物件価格の１～２％を支払いますが、このお金は当初提示された物件価格に含まれています。つまり登記が終了して物件代金の全額支払いが完了する仕組みです。マレーシアやカンボジアでは全額支払わないと登記に進むことができません。ベトナムは他国に比べると良心的だと思います。

ちなみに、エスパシオベトナムで物件サポートをさせていただいたお客様には、無料で銀行口座開設サポートを行っています。物件契約の翌日午前中に口座を開設して、帰国すれば、２回目以降は日本からベトナムの自分の口座にお金を振り込むだけで準備完了です。

※２０１５年５月11日の The Daily NNA ベトナム版によれば、外国人や外国組織による住宅の所有権及び土地使用権の有効期限が50年から１００年に延長される見通しという記事が発表されている。

内装費用は別払い

契約をすませ、支払いもしました。あとは待つことになりますが、建物がほぼ完成に近づき、全体が見えてきた段階で一度ベトナムに行って建物の状態を見る機会があります。おおよそ、完成の2か月前ぐらい前になります。ここで、壁や天井、柱、床の状態をチェックし、問題がないか否かを調べます。これは、スケルトン状態でのチェックにもなります。

ベトナムの施工技術はかなり高く、日本人の目にも満足いくものがほとんどです。ただし、問題がある場合には、その時に注文をつけなければなりません。完成してしまってからでは、あとの祭りです。

その後、建物が完成すると、内覧引き渡しとなります。改めて、内覧チェックをして、鍵の引き渡しとなります。

この鍵の引き渡しによって、完全に自分の物件となるわけです。

その後は、内装工事に入ります。

ここで注意していただきたいのは、不動産の物件としてのデベロッパーの責任はここまでです。この後は、各人の好みに応じて内装に取り掛かることになります。したがって、他人に不動産を貸与しようと考えている人の場合には、引き渡し状態のままでは賃貸できないということです。日本では家具ごと引越しするのが一般的ですが、外国では家具付きの住居に引越すことが普通です。

引き渡し後の内装費用は別に用意しておくことが必要です。また、内装のイメージを抱いておくのも大切です。内装イメージは、個人の好みによって異なりますが、モデルルーム並みにしようと思えば、おおよそ2ベッド（2ＬＤＫ）で4億ドン（約２００万円）、3ベッド（3ＬＤＫ）で6億ドン（３００万円）ぐらいを見積もっておくといいでしょう。もちろんそれより安く済ませる方法はあります。

また、内装業者に仕事を依頼するときに、自分のイメージをきちんと伝えておかないと、まったく別のデザインになってしまうこともあります。言葉が正確に通じない外国であるがゆえに、絵にしてイメージを伝えるなど、異を尽くして説明することが求められます。その点では、建物そのものより、内装工事のほうが気を使います。

内装工事や完成予定日は、大きくズレてしまうことが多いので注意が必要です。

イメージと異なった内装になってしまったり、工事の予定が狂ってしまうことで、ベトナムに滞在せざるを得ない日数も増えてしまいます。余裕をもったスケジュール管理で、地元の人たちとの人間関係を円滑に運ぶことが、イメージ通りの内装をするための秘訣かも知れません。ここでも時間はゆっくり流れていることを忘れないでください。

そして、いかなるトラブルが生じても、すべて自己責任で解決を図るしかない、ということを覚えておいてください。

2Bed Rooms（2LDK）

共有含：89.4㎡／専有：80.8㎡
この面積なら日本では 4LDK

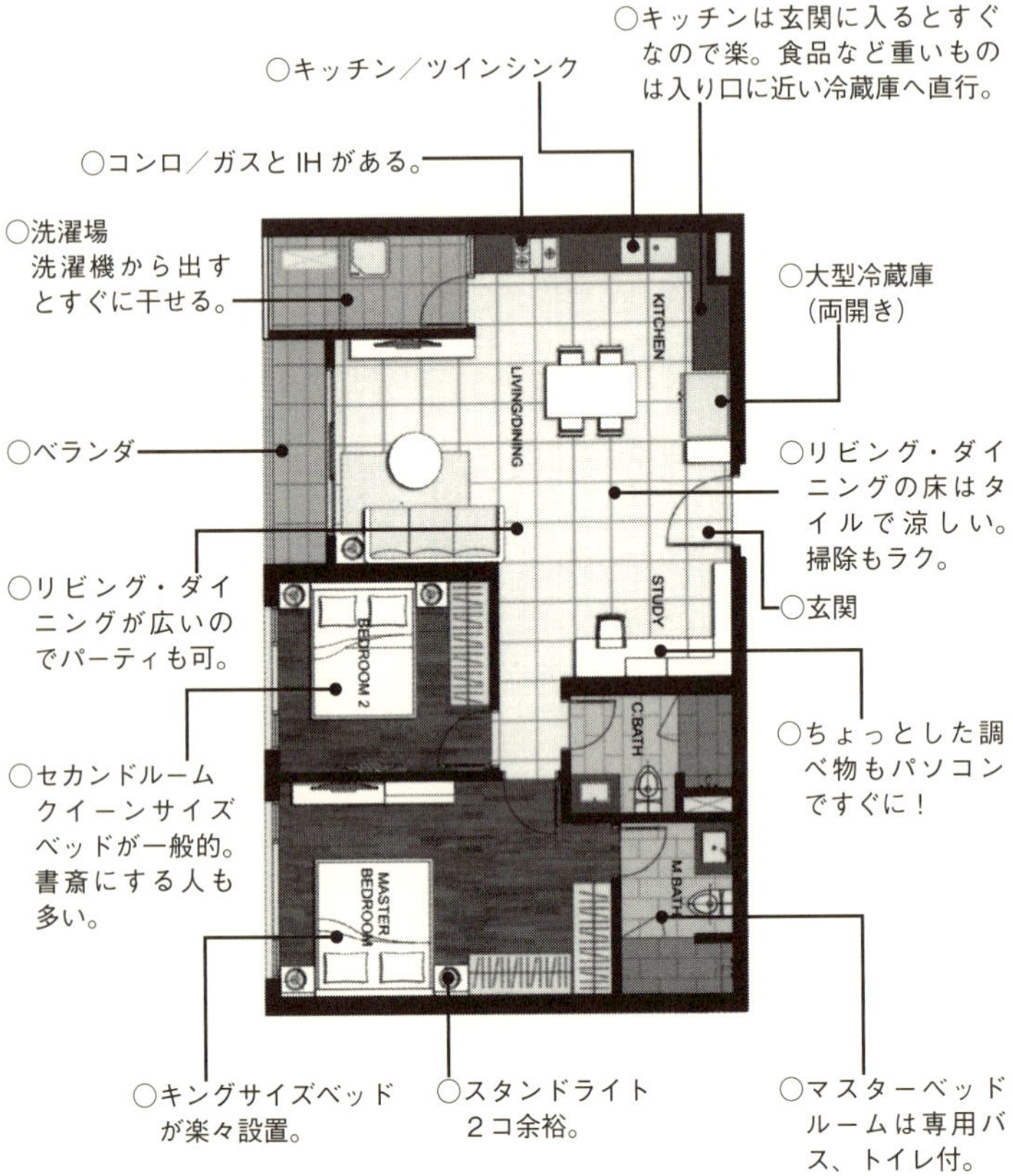

1Bed Room（1LDK）

共有含：59.5㎡／専有：54.5㎡
この面積なら日本では 2LDK 以上

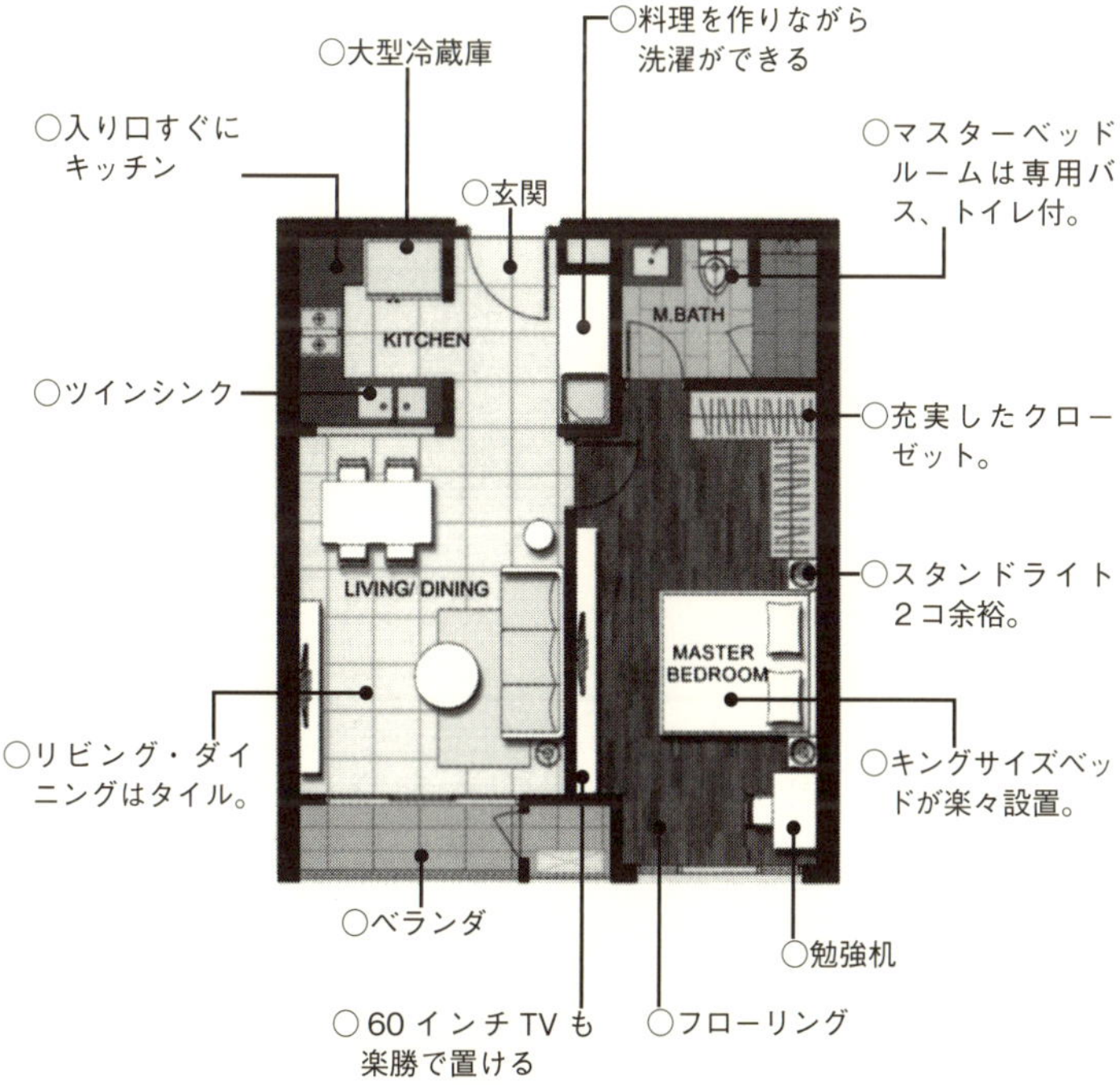

※ベトナムのコンドミニアムの間取りと内装の例。付帯設備としてプール、ジム、コンビニ or スーパー、レストラン、カフェは一般的である。

想定されるトラブル

海外不動産購入において一番多いのは、送金に関するトラブルです。デポジットは現地で支払うので問題ありませんが、残金を支払う際は送金から着金までに時間がかかるため、為替変動による金額の変動があります。そのためデベロッパーが入金を確認した際に、数ドルでも足りなければ決済ができません。足りなければ1万円近くの送金手数料を払って、再度送金しなければなりません。また、宛先のスペルを1字間違えたために送金できなかった例や、送金してあるのに入金処理されていないなど、お金のやりとりにかかわるトラブルが一番多くなっています。一つひとつ確認するには、銀行を辿っていかなければならず、よほど英語が堪能でないとやりとりがたいへん面倒です。日本から送金する場合は銀行送金手数料と電信料を取られます。また中継銀行手数料も発生しますが、かならず送金人負担にしてください。

次は完成前、完成後の工事、設備等のチェックですが、コンドミニアムを初めて購入する人は特に、どこをチェックしてよいのかがわからない、という人が多いようです。

また、当初の契約に入っている設備・内装がどこまで工事されるべきなのかの判断もしにくいので、わざわざ現地入りしてもさっぱりわからないといった人も多いようです。施工チェックはデベロッパーの技術者が立ち会うため、説明書も現地語で説明も現地語が一般的です。現地に不動産会社があるところから購入しないと、トラブルがあった時に対応してもらえません。

ベトナムでの不動産取引の流れ

1．ベトナムの現地で、不動産物件の候補を選ぶ

優先順の場合と抽選の場合がある → 購入権を得る
プレビルトのため、モデルルームや模型などを見て購入（建物の完成は、1～2年後）

2．不動産購入（ローンを組めないため、現金での取引）

予約金としてデポジットを支払う（5000万～1億ドン≒25～50万円、1円＝200ドンと換算）
即決が求められる（ビザやマスターなどのクレジットでの支払いは可能）
デポジットの支払いがないと資格は剥奪される

3．7日間以内に頭金の支払い（10～20%）

キャッシュでの支払い（いったん日本に帰っている時間はない）
キャッシュはベトナム通貨でのみ（市内にある両替所がおすすめ）
したがって、300～400万円ぐらいの現金の持参が必要

4．本契約書への記入（約２週間後に、サインのためにベトナムへ）

ベトナム語､英語各40ページほどの書類の全ページにサイン(契約書は6冊ある)
サインはパスポートと同じ筆跡で

5．売買契約の成立

以後、月約5%の割合で残金の支払い（日本からの送金は可）
一括支払いの場合には、約７％～１５％の割引（物件によって異なる）

6．内覧チェック（建物完成の約2か月前に、スケルトン状態の建物チェックもある）

ベトナム現地に行って部屋を確認する
クレームがある時にはこの段階で

7．鍵の引き渡し（完全に不動産が自分のものになる。）

修繕積立金の支払い、不動産登記を依頼
この段階から、管理費・水道光熱費の発生

8．内装工事の発注（自分の内装イメージをきちんと業者に伝えることが重要）

個人の好みで内装を業者に依頼（2Bedで約4億ドン、3Bedで約6億ドンの費用が目途）
不動産としての価値は、引き渡し後の内装に関わることに留意
完成予定日が遅れがちであることを念頭に予定を組む

9．内装の完成（居住や賃貸が可能になる）

不動産会社に賃貸を依頼

株式会社エスパシオコンサルタントによる現地物件購入サポート

サポート業務

1　不動産の紹介

2　不動産物件の内見の手配

3　不動産物件に関わる通訳

ベトナムでの不動産購入の具体的な情報をインターネットや電話で問い合わせることができます。その際には、物件購入の予算、購入を希望する場所、物件の規模、ベトナムへの訪問期日などを、あらかじめ決めてから連絡してください、

http://espa-life.com/

海外事業部　直通電話：+81- (0) 3-6222-2252

エスパシオベトナム　電話：+84- (0) 8-6288-5103

お客様のリクエストに応じた物件をいくつか調査・検討したうえで、現地の空港やホテルなどでの待ち合わせ場所を決め、現地を案内しながら、物件の購入をサポートします。

サポートの内容は、デポジット契約、頭金の支払い、本契約書締結までを行っています。

内装工事などのサポートは含まれていませんが、現地の施工業者は無料でご紹介いたします。

なお、本契約で定めたサポート以外には、別途有料ですが以下のようなサポートを行っています。

1　契約書のなどの翻訳

2　契約にかかる手続きの代行

3　弁護士事務所への依頼

4　金融機関との交渉代行

5　物件登記、賃貸付、転売の代行

6　電気設備備品の購入代行

7　内覧、施工確認、鍵引き渡しの代行や同行

8　デポジット契約後、または本契約締結後の売主や貸主との交渉の代行

9　購入物件の売却の相談、および販売のサポート

2015年6月時点

また、完成前に設計変更をする会社もあります。専有面積が増えるので追加料金を払ってほしいとか、ドアの向きやサイズを変更したいのでサインしてほしいなど、様々なレターが届きます。レターの翻訳だけでも手間です。また、他の購入者がどう対応しているのか等の情報は、個人レベルだとなかなか入手しにくいので、なおさら対処が難しくなります。できる限り現地に会社のある日系不動産会社を利用されることをおすすめします。

整備されるベトナムの都市機能

改めてベトナムでの不動産投資の魅力を一言で説明するのなら、ベトナムはこれから発展する国だということです。何度も述べているように、実際、ベトナムは大きく発展しようと動きはじめています。

ある国が大きく発展していくためには、それに見合うだけの国としてのプロジェクトのあることが必要です。国や都市としての生活の機能が発達してこそ、さまざまな都市機能が整備され、大規模なコンドミニアム建設が可能になるからです。問題は、ただ単に、どれくらいの数のコンドミニアムがあるかではなく、都市機能が整備された地域に、どのようなコンドミニアムが建設されていくかにあると思うからです。整った環境があるからこそ、生活するのに快適なコンドミニアムが建てられ、多くの人の投資対象になるのです。

それらを裏付けるかのように、ベトナムでは大型の開発プロジェクトがいくつもあります。

まずは、その大型プロジェクトのいくつかを具体的に紹介しながら、今後、ベトナムがどのような発展を遂げようとしているのかを説明していきます。

ホーチミン市の地下鉄計画

その中でもっとも注目されているのが、ホーチミン市とハノイ市の地下鉄計画です。

ベトナム南部にある大都市ホーチミン市は、2013年6月11日に、日立製作所に地下鉄1号線（ベンタイン～スオイティエン間）用の設備1式を370億円で発注したと発表しました。

しかし、ベンタイン～スオイティエン間の19・7km、14駅（内地下区間は、3駅、2・6km）に計画された地下鉄1号線は、当初、2018年開業予定でしたが、ベンタイン市場地下部分の設計変更と交通コンサルタント会社の賄賂事件が発覚したため、日本政府が問題視してODAをストップしたことにより、開業が遅れ、2020年予定となっています。

また、現在、ベンタイン市場～ビン・ヤイ市場（Binh Yay Market）までの8km区間に計画されている東西線とは、両線が市中心部のハムトー通りで交差することが予定されています。将来的にホーチミン市の地下鉄を6路線にまで増やし、合計176の駅が鉄道で繋がる計画になっています。

ホーチミン市地下鉄工事現場
ベトナムと日本の共同プロジェクト看板が掲げられている

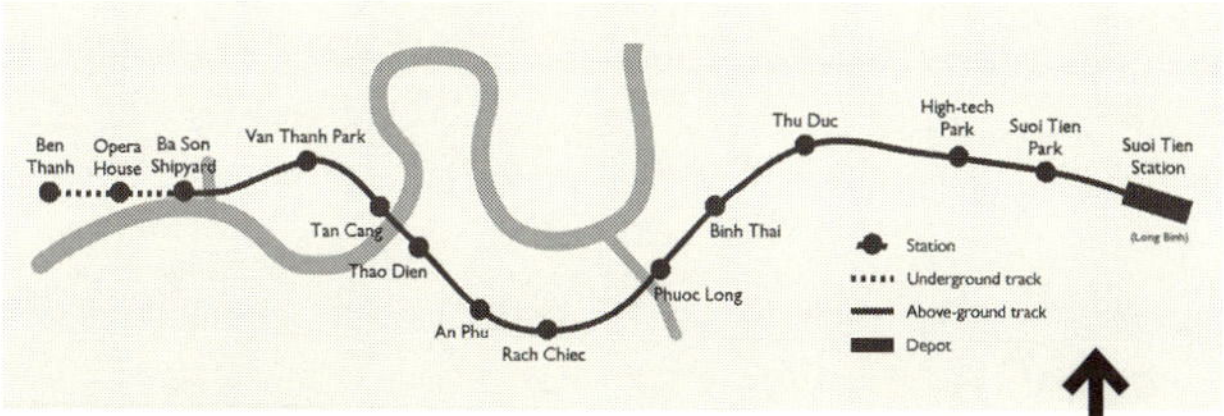

地下鉄１号線路線図
初の地下鉄建設で、沿線不動産の値上がりが始まっている

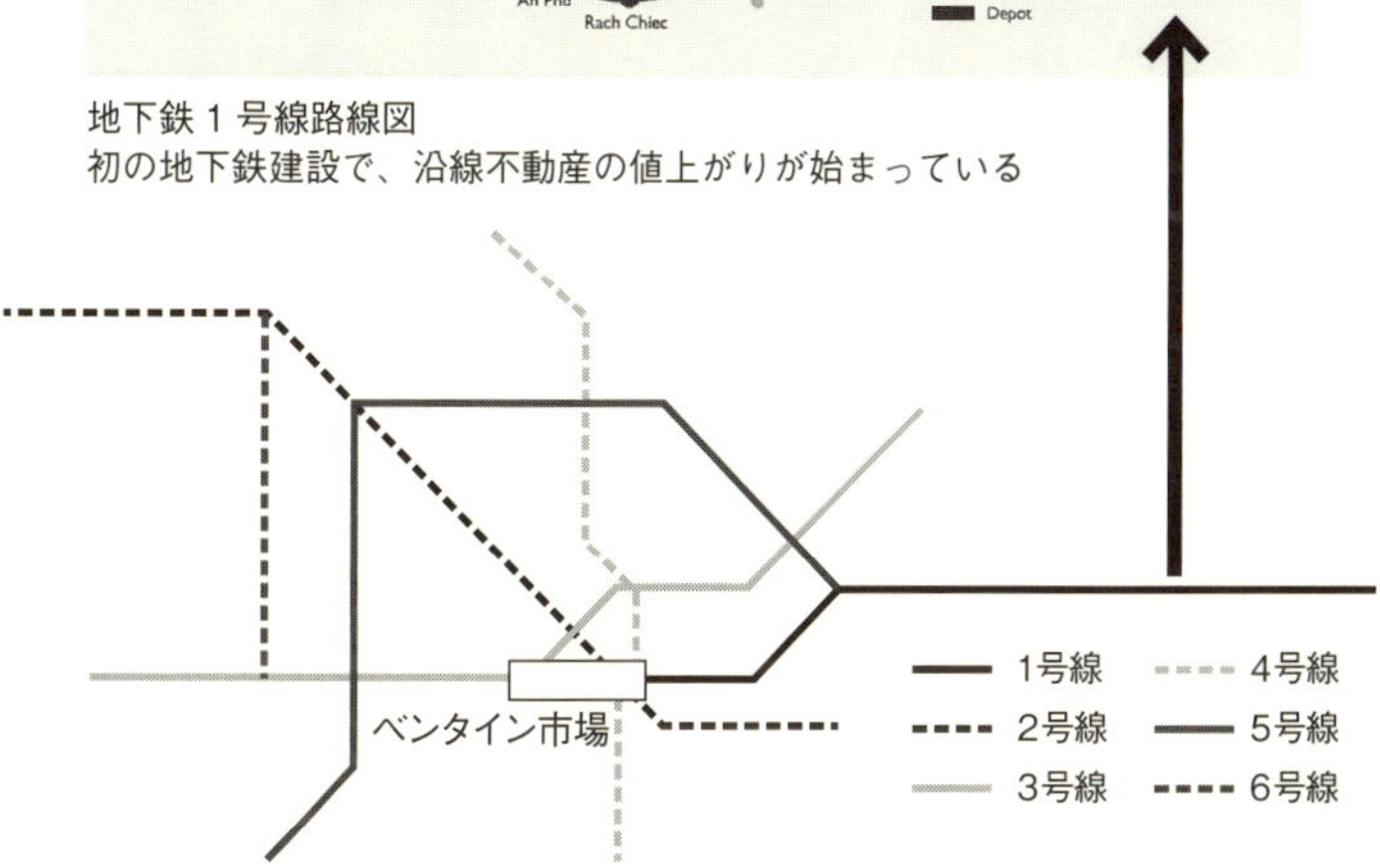

ホーチミン市地下鉄計画全図（全部で６路線ある）

これらの建設には、日本ＯＤＡ、ロシア、スペインなどから援助の申し入れがあり、運行開始は遅れているものの、工事は順調に進んでいます。現在進められているベンタイン駅が完成すれば、隣接する商業ビル「ザ・ワン」とは地下街で接続することになります。

ほかに、運輸大臣よりモノレール検討の方針が出され、ホーチミン市の交通工務局や南部運輸交通設計コンサルタント会社、および丸紅・日立グループなどが、モノレールによる市交通システムに関するセミナーを共催しました。その結果、日本の企業側は、市と協力してクワン・トルン（Quang Trung）ソフトウェアパークと都市中心部との間を結ぶモノレール路線の敷設実現に向け取り組むことを約束しています。

ハノイ市の鉄道網整備

ベトナムの首都ハノイ市では、都市高速鉄道の建設計画が進められています。そのうちの１つが、ベトナム運輸省のマスタープランに基づいた鉄道路線の建設計画で、１号線（フェーズ１）や２号線（フェーズ２）、２Ａ号線、３号線の建設を進め、旅客や貨物の需要増加に対する対応を図ろうとしています。これらのハノイ都市鉄道は、１号線のゴックホイ車両基地、２号線のトエアン・フン・ダオ～ナム・ソラン・ロン間の35・２㎞。２Ａ号線のキャット・リン～ハ・ドン間の14㎞。３号線のフン～ハノイ間の21㎞となっています。

ベンタイン市場地下鉄ターミナル

レロイ通りの地下イメージ図

サイゴン川を渡ると地上を走るモノレールとなる予定

メトロ車両デザイン

ハノイの鉄道工事風景

そして、ただ鉄道を敷設するだけでなく、この建設計画に合わせて、管理運営の方法や人材育成まで考慮に入れています。ちなみに、２０１３年には、東京地下鉄株式会社と日本コンサルタンツ株式会社が共同して、ハノイ都市鉄道2号線、２Ａ号線、3号線などの「ベトナム国ハノイ市鉄道規制機関強化及び運営組織設立支援プロジェクト」を立ち上げ、これら路線の運営・維持管理組織の設立までを含めた人材育成の支援活動を行っています。

ほかに、運輸大臣からのモノレール設備を検討すべしとの指示のもと、ハノイ市人民委員会は交通運輸省と共同で、ＢＯＴ（建設・運営・譲渡）方式によるモノレール路線の試験的建設計画立案に向けて検討を開始しています。

また、同市交通運輸局のグエン・クオック・フン局長によると、すでに、レドゥックト〜レクアンダオ〜チャウバンリエム〜70号線〜フックラーの各通り沿いの路線、ザップバット〜ルー川沿い〜トーリック川沿い〜新70号線〜ハドンスアンマイ〜フールオンの各通り沿い路線の2路線が検討されていると言います。

これらの路線は、将来的に、都市鉄道（メトロ）の1号、２Ａ号、5号、6号、8号の各路線と接続することになる予定です。

ディン・ラ・タン交通運輸相も、すでにこれらの提案には同意しており、交通運輸設計コンサルタント総公社（ＴＥＤＩ）に対し、ハノイ市と協力するよう指示を出しています。

このように、ベトナム南北の大都市においては、都市機能を整備すべく交通網整備が進められており、人口の増加に伴って困難になる乗客の移動を便利にすべく計画がなされています。

ホーチミン市の水道改善事業

海外での生活で、日本人が一番困るのが水道水の問題です。飲み水は購入することができるので我慢できるとしても、断水の多さには閉口します。シャワーを浴びている途中で断水にあったりすると、文字どおり怒り心頭といった心境になります。昔はベトナムでも断水が日常茶飯事でした。

しかし、ホーチミン市では、日本の協力を要請し、配水マネジメントを核とした水道改善事業を企画設立し、大阪市の水道局のノウハウを導入することで水問題のインフラ整備を図っています（ＰＰＰインフラ事業＝Public Private Partnership の略）。

具体的には、２００９年から、大阪市の水道局が有するノウハウを活用することによって、ホーチミン市の水道のマスタープランを提示し、供給能力の不足、高い漏水率、低水圧などの諸問題の解決策を調査・検討してきました。

その結果、これまでの調査を踏まえて、配水コントロールシステムの導入による水圧や流量の管理、そのための配水場の新設、ならびにその管理・維持運営のための支援などを官民一体となって行っています。

インフラを整備するだけでなく、また技術をもっていくだけでなく、できた施設をその後も有効活用するための運営・維持管理のノウハウも同時に教化していくことにこの事業の重要性があります。日本人の手が離れたのちも、ベトナム人自身の手で水道の管理運営ができるからです。そして、日本人への信頼にも結びつきます。

これは、ベトナムでの快適生活のためにも欠かせない要因です。

このように、ベトナムは現在、インフラ整備を推し進めながら大きく発展しようとしています。今ではほとんど断水がなくなりました。

住宅購入事情の大変化

ベトナム国内における大きな変化は、公共事業による都市機能の整備だけではありません。それが、２０１５年7月に解禁される「ベトナム住宅法」の改正です。

実際、あれほど外国人の不動産投資に厳しかった国が、いきなり戸建て住宅の購入も可能になるとは、想像もしていませんでした。そして、ベトナムの不動産事情は、すでに激しく動き出しているのです。

ちなみに、ベトナムが外国人の不動産投資に厳しかったのは、中国に対する警戒であるといわれています。歴史的にベトナムと中国は紛争を繰り返しており、近年は南沙諸島の領有権を巡って死者も出るほどの緊張が続いています。外国人に解禁するとたちまちチャイナマネーで不動産を買い漁られる危険性があるため、なかなか踏み切れなかったのでしょう。

しかしリーマンショック以降不動産価格が暴落し、不良債権が増加したことから、政府も重い腰を上げたというのが実態です。ベトナムではコンドミニアム完成後未販売戸数が4～5万戸あるといわれています。この状況を改善するために外国人に解禁して、投資を呼び込むことにしました。

そのため「入国許可のある外国人」といった法律を作り、入国許可の制限によって購入できる国とそうでない国を分けることにしたとのことです。これによって、中国からの不動産投資は難しくなると思われます。

ベトナムに投資をしている国の投資額No.１は日本ですが、それ以外に韓国や欧米企業、オーストラリア等が投資しており、それらの国のビジネスマンからの要望と、ベトナムが好きな世界中の投資家からラブコールが送られていたことは間違いありません。そのため、２００８年にベトナムで働いている居住者に限り、外国人の不動産購入を解禁したという経緯があります。

東南アジアでの不動産投資ということでいえば、２０１５年3月現在、東南アジアで土地付住宅が購入できるのは、マレーシアだけです。マレーシアの場合は外国人購入最低価格があります。２

０１５年現在１００万リンギット（約３３００万円、1リンギット＝33円）となっています。つまり、投資としてのハードルはかなり高いといえるでしょう。ベトナムの場合は、外国人の最低購入価格がありません。３００万円からでも投資が可能なのです。しかし、ここまで書いてきたように、今後は急激に不動産価格が高騰すると思われます。

２０１３年後半から２０１４年にかけて上昇基調にあるのは、住宅法改正の情報を得たベトナム人が、将来の値上がりを期待して投資しているからだといわれています。そして今回、ベトナム国会で住宅法の改正案が可決されたことによって、その流れは一段と強まることが予想されます。

また、議論の中で白熱していた、個人で購入できる物件数の制限が、全体戸数の割合となり、複数の不動産を所有できるため、一層の価格上昇に繋がると思われます。

なお、外国人が個人で購入できる物件数については、コンドミニアムが物件総戸数の30％まで、戸建て住宅が一地域（Ward単位）の２５０戸までとなっています。

２０１５年６月までの法律では、１人１戸までという制限でした。

現に、この住宅法改正の発表を受け、２０１４年12月に販売開始されたベトナム最大のプロジェクト「セントラルパーク」Ｃ１、Ｃ２棟は、わずか1か月で完売しました。その人気ぶりはすさまじく、２０１５年1月には10％の高値で転売されていました。

この時は、私には購入資格がなかったのですが、同年2月には、住宅法改正前外国人対策として、

50年賃貸権売買が解禁になりました。賃貸権とは、在留ビザがなくても購入できる権利です。

そこで、私も購入すべく販売会場に足を運んでみると、あらかじめ登録された人だけのプライベート会場に１００人くらいの人が集まっていました。そこでの説明は、人気のある1ベッド（1LDK）はセリ（高値を付けた人が落札）、２ベッド（２LDK）は抽選という販売方式でした。札を入れたのはベトナム人ばかりで、日本人は私たちだけでした。

私は２ベッドに札を入れましたが、同じ部屋の希望者が４名いたため抽選から外れ、残念ながら購入はできませんでした。この棟も完売すれば10％以上の高値で販売できると思います。

抽選が外れたのは残念でしたが、われわれ以外の外国人が１人もいなかったことを考えると、まだまだ情報をつかんでいる人が少なかったのだと思います。

その後、２０１５年1月に公示価格の見直しがありました。そのため1月１日から新たな公示地価（路線価）が適用されたことを受けて、不動産業者に土地の販売価格を引き上げる動きが広まっています。新たな公示地価は、前年に比べて平均１・５〜１・６倍の上昇となっています。

現在でもこの状態なのに、２０１５年7月からは、外国人が土地付住宅を購入できるのです。さらに地価上昇圧力が高まることは、簡単に予想できます。

セントラルパーク抽選会風景は招待状を持った人のみ参加できる

来場者には絶対に購入したいといった殺気が感じられる

ベトナム住宅法

2008年に外国人への不動産購入を一部解禁したベトナムですが、さまざまな規制が厳しく6年間で購入した外国人は僅かに126人でした。そのうち108人はベトナム人と結婚した外国人となっています。では、2008年から2015年までの外国人住宅投資法がどのような内容のものだったかを整理してみましょう。（ベトナム語からの直訳のため、読みにくいと思いますが、お許しください）

1. 2008年6月3日～2015年6月30日までのベトナム住宅法

【住宅法第19/2008/QH12号の決定】とは

1）外国の個人・法人が不動産を所有、購入できる対象者

（個人）

a）ベトナムへの直接出資者

b）ベトナム企業もしくは、外資企業に勤める管理職。

c）ベトナムのために積極的に貢献し、ベトナムの国家主席に勲章、記章を授与してもらった者。

d）ベトナム国家が認める技能、知識を有しており、大学卒業証明書もしくはそれに相当する証明書を発行された、経済・社会分野で仕事をしている者。

e）ベトナム国家が認めた技能、知識を有している者。

f）ベトナム人と結婚している外国人。

上記の個人は、ベトナムに在留しており、かつ期間1年以上の在留カードの所有が必要である。

（法人）

a）事業内容に不動産経営事業のない外資企業。

b）投資ライセンスを所有していること。

2）使用目的

所有物件の賃貸は、個人、法人とも一切できない。また、法人の使用目的は従業員の社宅使用のみである。

3）所有できる期間

（個人）

所有権期間は50年である。

（法人）

投資ライセンスに記入された期間（延長期間含む）に相当する期間。

※個人法人ともに購入できる不動産はコンドミニアムに限る

4）所有できる不動産の数

（個人）

居住用として、1戸のみである。

（法人）

複数所有できるが、従業員の為の社宅使用以外は、認められない。

5）所有物件の売却に関する規定

（個人、法人共通規定）

物件所有証明書発行日から12か月後に所有物件の売却可能。

（個人）

ベトナムに在留できなくなり売却を希望する場合、在留ビザの切れる12か月前に売却をすることができる。

これだけ厳しい規制がありますと、外国人には購入することがためらわれますね。しかしこの厳しい法律が不動産市場を減速させ、売れ残り物件を多数生んだことも間違いありません。そこで政府は、2014年1月より1年間法律を延長したうえで、解禁に向けて議論してきました。その結果、さまざまな紆余曲折を経て、2014年11月25日に国会にて、外国人の居住用不動産購入を解禁する改正住宅法が可決しました。ベトナム2000年の歴史に大きな変革が訪れたのです。東南アジア最後の不動産フロンティア、ベトナムでの不動産投資の解禁は相当なインパクトがあると思います。

次に、改正された内容を見てみましょう。

2. 2015年7月1日からのベトナム改正住宅法

【住宅法第65/2014/QH13号の決定】とは

国会承認日 2014年11月25日 効力発生日2015年7月1日

【改正住宅法のポイント条文】

外国人がベトナムの住宅を購入できる条件

159-1-a：ベトナム住宅建設に投資する外国の個人と組織

159-1-b：ベトナムで活動している外資系企業、支社、駐在事務所 外資系投資ファンド、外資系銀行の支店

159-1-c：ベトナムへの入国許可のある外国人（下記リスクについてのまとめ参照）

159-2-b：国防を確保する地域を除くコンドミニアム、一戸建て

161-2-a：コンドミニアムは全戸数の30%、一戸建ては一町の250戸以上所有してはいけない

162-2-a：外国人は住宅管理機関に賃貸通知後賃貸が可能

法改正後は期間50年所有権の延長、相続、贈与が可能

ポイント1：非居住外国人が数の制限なく住宅を購入できる

ポイント2：コンドミニアムだけでなく、土地付の戸建ても購入できる

ポイント3：購入した住宅を賃貸出来る

ポイント4：ベトナムで活動している外資系企業はすべて購入できる

ポイント5：所有権の延長、相続、贈与、売買が可能

原文

改正住宅法 2014年11月25日簡易翻訳

Chương IX 第IX章

QUYỀN SỞ HỮU NHÀ Ở TẠI VIỆT NAM CỦA TỔ CHỨC, CÁ NHÂN NƯỚC NGOÀI

外国の個人と組織のベトナム在住宅所有権

Điều 159. Đối tượng được sở hữu nhà ở và hình thức sở hữu nhà ở tại Việt Nam của tổ chức, cá nhân nước ngoài

第159条：外国の個人と組織のベトナム在住宅所有対象と住宅所有形式

1. Đối tượng tổ chức, cá nhân nước ngoài được sở hữu nhà ở tại Việt Nam bao gồm:

1ベトナム在住宅所有可能のある対象：

a) Tổ chức, cá nhân nước ngoài đầu tư xây dựng nhà ở theo dự án tại Việt Nam theo quy định của Luật này và pháp luật có liên quan;

a) この法律と関連のある法律の規定に従い、プロジェクトに従うベトナム在住宅建設に投資する外国の個人と組織である。

b) Doanh nghiệp có vốn đầu tư nước ngoài, chi nhánh, văn phòng đại diện của doanh nghiệp nước ngoài, quỹ đầu tư nước ngoài và chi nhánh ngân hàng nước ngoài đang hoạt động tại Việt Nam (sau đây gọi

chung là tổ chức nước ngoài);
b) ベトナムで活動している外資系企業、支社、外国法人の駐在事務所、外資系投資ファンド、外資系銀行の支店（略され、外国の組織と呼ぶ）

c) Cá nhân nước ngoài được phép nhập cảnh vào Việt Nam.
c) ベトナムへの入国許可のある外国の個人（外国人）

2. Tổ chức, cá nhân nước ngoài được sở hữu nhà ở tại Việt Nam thông qua các hình thức sau đây:
2）以下の形式を通じ、外国の個人、組織がベトナム在住宅を所有する。
a) Đầu tư xây dựng nhà ở theo dự án tại Việt Nam theo quy định của Luật này và pháp luật có liên quan;
a) この法律と関連のある法律の規定に従い、ベトナム在プロジェクトに従う住宅建設に投資する。

b) Mua, thuê mua, nhận tặng cho, nhận thừa kế nhà ở thương mại bao gồm căn hộ chung cư và nhà ở riêng lẻ hoặc xây dựng nhà ở trên diện tích đất ở được phép phân lô trong dự án đầu tư xây dựng nhà ở, trừ khu vực bảo đảm quốc phòng, an ninh theo quy định của Chính phủ.
b) 政府の規定に従う治安、国防を確保する地域を除き、商用住宅（コンドミニアム、一戸建て、住宅建設プロジェクトの敷地に属し、分けられた土地上で住宅を建設）
Điều 160. Điều kiện tổ chức, cá nhân nước ngoài được sở hữu nhà ở tại Việt Nam

第160条 : 外国の個人と組織向けの住宅所有条件 :
1. Đối với tổ chức, cá nhân nước ngoài quy định tại điểm a khoản 1 Điều 159 của Luật này thì phải có Giấy chứng nhận đầu tư và có nhà ở được xây dựng trong dự án theo quy định của Luật này và pháp luật có liên quan.
1）本法の第159条の第1項の a に決めた外国の個人と組織は投資ライセンスと本法と関連のある法の規定に従うプロジェクトの敷地に建設される住宅を有しなければならない。

2. Đối với tổ chức nước ngoài quy định tại điểm b khoản 1 Điều 159 của Luật này thì phải có Giấy chứng nhận đầu tư hoặc giấy tờ liên quan đến việc được phép hoạt động tại Việt Nam □sau đây gọi chung là Giấy chứng nhận đầu tư) do cơ quan nhà nước có thẩm quyền của Việt Nam cấp.
2）本法の第159条の第1項の b で決めた外国の組織はベトナム在有権機関により、発行された投資ライセンスまたは、ベトナムで活動許可に関連のある証明書を取得しなければならない。

3. Đối với cá nhân nước ngoài quy định tại điểm c khoản 1 Điều 159 của Luật này thì phải được phép nhập cảnh vào Việt Nam và không thuộc diện được hưởng quyền ưu đãi, miễn trừ ngoại giao, lãnh sự theo quy định của luật.
3）本法の第159条の第1項の c で決めた外国の個人はベトナムに入国許可が有し、法律に従う領事、外交の特権がない個人である。

4. Chính phủ quy định chi tiết giấy tờ chứng minh đối tượng, điều kiện tổ chức, cá nhân nước ngoài thuộc diện được sở hữu nhà ở tại Việt Nam.

4）政府が外国の個人と組織向けのベトナム在住宅所有条件と対象の証明書を詳細に規定した。

Điều 161. Quyền của chủ sở hữu nhà ở là tổ chức, cá nhân nước ngoài
第161条：外国の個人と組織である住宅所有主の権利：

1. Tổ chức, cá nhân nước ngoài quy định tại điểm a khoản 1 Điều 159 của Luật này được thực hiện các quyền của chủ đầu tư dự án theo quy định của Luật này và được cơ quan nhà nước có thẩm quyền cấp Giấy chứng nhận đối với nhà ở được xây dựng trong dự án theo quy định tại Điều 9 của Luật này.
1）本法の第159条の第1項のａで決めた外国の個人、組織はデベロッパーとしての権利を執行可能で、有権機関によって、本法の第9条で決め、プロジェクトの敷地に建設された住宅に対する所有証明書を発行して貰える。

2. Tổ chức, cá nhân nước ngoài quy định tại điểm b và điểm c khoản 1 Điều 159 của Luật này có các quyền của chủ sở hữu nhà ở như công dân Việt Nam nhưng phải tuân thủ các quy định sau đây:
2）本法の第159条の第1項のｂで決めた外国の個人と組織は（ベトナム国籍のある人）ベトナム人と同じように住宅所有権利を有する。しかし、下記の規定に従わなければならない。

a) Chỉ được mua, thuê mua và sở hữu không quá 30% số lượng căn hộ trong một tòa nhà chung cư; trường hợp trong một khu vực có số dân tương đương một đơn vị hành chính cấp phường mà có nhiều nhà chung cư thì Chính phủ quy định số lượng căn hộ được mua, thuê mua và sở hữu; nếu là nhà ở riêng lẻ bao gồm nhà ở biệt thự, nhà ở liền kề thì trên một khu vực có số dân tương đương một đơn vị hành chính cấp phường chỉ được mua, thuê mua và sở hữu không quá 250 căn nhà;
a) コンドミニアムの場合、物件の全戸を30％以上占めてはいけない。（家、別荘）一戸建の場合、一町との行政単位で250件以上所有、購入してはいけない。

b) Trường hợp được tặng cho, được thừa kế nhà ở không thuộc diện quy định tại điểm b khoản 2 Điều 159 của Luật này hoặc vượt quá số lượng nhà ở quy định tại điểm a khoản này thì chỉ được hưởng giá trị của nhà ở đó;
b) 贈与、相続として物件を受けるが、本法の第159条の第2項のｂに属しない又は、本項のａに決めた数量を超える場合、物件の価値しか貰えない。

c) Đối với cá nhân nước ngoài thì được sở hữu nhà ở theo thỏa thuận trong hợp đồng mua bán, thuê mua, tặng cho nhà ở nhưng tối đa không quá 50 năm, kể từ ngày được cấp Giấy chứng nhận và có thể được gia hạn thêm theo quy định của pháp luật Việt Nam nếu có nhu cầu nhưng phải được ghi rõ trong Giấy chứng nhận này.
c) 所有期間は所有権証明書の発行日から50年間だが、延長可能である。しかし、所有権証明書に明確に記載しなければならない。

Trường hợp cá nhân nước ngoài kết hôn với công dân Việt Nam hoặc kết hôn với người Việt Nam định cư ở nước ngoài thì được sở hữu nhà ở ổn định, lâu dài và có các quyền của chủ sở hữu nhà ở như công dân Việt Nam.
外国人がベトナム人又は海外に滞在する（ベトナム国籍のある個人）ベトナム人と結婚する場

合、ベトナム人と同じように住宅を安定、長期で所有する権利がある。

Đối với tổ chức nước ngoài thì được sở hữu nhà ở theo thỏa thuận trong hợp đồng mua bán, thuê mua, tặng cho nhà ở nhưng tối đa không vượt quá thời hạn ghi trong Giấy chứng nhận đầu tư cấp cho tổ chức đó, bao gồm cả thời gian được gia hạn thêm; thời hạn sở hữu nhà ở được tính từ ngày tổ chức được cấp Giấy chứng nhận và được ghi rõ trong Giấy chứng nhận này.
外国組織に対し、売買契約、贈与契約に従い、住宅を所有できるが、投資ライセンスに記載してある期間（延長期間を含む）に超えてはいけない。所有期間は所有権証明書の発行日から数え、所有権証明書に明確に記載される。

Điều 162. Nghĩa vụ của chủ sở hữu nhà ở là tổ chức, cá nhân nước ngoài
第162条：外国の個人、組織の住宅所有向けの義務：
1. Tổ chức, cá nhân nước ngoài quy định tại điểm a khoản 1 Điều 159 của Luật này có trách nhiệm và nghĩa vụ của chủ đầu tư dự án theo quy định của Luật này và pháp luật có liên quan.
1）本法の第159条の第1項のａに決めた外国の個人、組織は、本法と関連のある法律の規定に従い、デベロッパーとして義務と責任を取れなければならない。

2. Tổ chức, cá nhân nước ngoài quy định tại điểm b và điểm c khoản 1 Điều 159 của Luật này có các nghĩa vụ của chủ sở hữu nhà ở như công dân Việt Nam nhưng phải tuân thủ các quy định sau đây:
2）本法の第159条の第1項のｂで決めた外国の個人と組織は（ベトナム国籍のある人）ベトナム人と同じように住宅所有権利を有する。しかし、下記の規定に従わなければならない。

a) Đối với chủ sở hữu là cá nhân nước ngoài thì được cho thuê nhà ở để sử dụng vào các mục đích mà pháp luật không cấm nhưng trước khi cho thuê nhà ở, chủ sở hữu phải có văn bản thông báo về việc cho thuê nhà ở với cơ quan quản lý nhà ở cấp huyện nơi có nhà ở theo hướng dẫn của Bộ Xây dựng và phải nộp thuế từ hoạt động cho thuê nhà ở này theo quy định của pháp luật.
a) 外国人に対し、住宅を法律上で禁止しない目的として賃貸可能だが、所有主は建設省の案内に従い、区、県の住宅管理機関に文章にて賃貸通知を提供しなければならなく、法律の規定に従い、賃貸から発生する税金を納めなければならない。

Trường hợp cá nhân nước ngoài kết hôn với công dân Việt Nam hoặc kết hôn với người Việt Nam định cư ở nước ngoài thì có các nghĩa vụ của chủ sở hữu nhà ở như công dân Việt Nam;
外国人がベトナム人、又は海外に滞在するベトナム人と結婚する場合、ベトナム人と同じように住宅所有主として義務を取る。

b) Đối với chủ sở hữu là tổ chức nước ngoài thì chỉ được sử dụng nhà ở để bố trí cho những người đang làm việc tại tổ chức đó ở, không được dùng nhà ở để cho thuê, làm văn phòng hoặc sử dụng vào mục đích khác.
b) 外国の組織である住宅所有主に対し、従業員の住宅として使用するしかない。住宅を事務所、賃貸との目的で使用してはいけない。

c) Thực hiện thanh toán tiền mua, thuê mua nhà ở thông qua tổ chức tín dụng đang hoạt động tại Việt Nam.

c) ベトナム在信用組織（銀行）を通じて支払を行わなければならない。

(Theo Luật Nhà ở sửa đổi được Quốc hội thông qua chiều 25/11)

（11月25日に国会承認し住宅法改正）

※翻訳につきましては弊社にて簡易的に行っているため、原文を直訳したわかりにくい文章になっています。また、ベトナム語と訳意が異なる部分がある可能性がありますので、原文を優先していただきますようお願い致します。

さらに、2015年1月には、入国管理法も改正されましたので、少し解説したいと思います。以下は、ベトナム大使館HPにて公表されたものです。

通知

Send this page to somebody　Print this page

「ベトナムにおける外国人の出入国、乗継（トランジット）、居住に関する法律」はベトナム社会主義共和国国会で2014年6月16日に通過し、2015年1月1日より発効となる。本法律の目的は、我が国への旅行、投資活動、出張などの理由で訪れる外国の方々の入国・乗継手続きの円滑化を図ると同時に、ベトナムにおける違法就労目的とした在留の防止である。（この法律はhttp://congbao.chinhphu.vn/noi-dung-van-ban-so-47_2014_QH13-（16158）であるベトナム政府のWebtsiteに公示されている。または、http://haiquanbinhduong.gov.vn/EN/Default.aspx?p=vanban&id=3であるアドレスに英版が掲載されている）。その為、新たに設けられた幾つかの注意内容は以下の通りである。

1）ベトナムにおける就労者の在留期間を2年へ、ベトナムで事業を展開する投資家、弁護士の就労ビザを5年間へ引き上げる。その他に、会議参加や観光などのビザの期間を3か月へ、個人目的で入国される方のビザを6か月とする。

2）要件に満たした、投資・実習・学習目的の外国人又は、領事・外交官又は、外国人弁護士は最大5年間の在留カードの発行を受ける事ができる。

3）各種ビザ（合計20種類）は「入国目的」のたびに、具体的に定めており、「入国目的」の変更を行うことは不可である。つまり、観光や学習目的で入国された外国人は、入国目的を就労、投資へと変更を希望する場合、一度ベトナムから出国し、新たに目的と適合した種類のビザを申請した上で再度ベトナムへ入国する事となる。

4）14歳未満の子供は保護者、あるいは委任を受けた者などの同伴者が同伴しない場合、入国許可を受ける事ができない。

5）ビザ申請の基本原則として、ベトナムへ入国する外国人は、ベトナム国内機関、または在ベトナム法人によって招へい・保証され、ベトナム公安省、外務省、大使館、領事館でビザ発行申請を行わなければならない。2015年1月1日前の発行するビザは、2015年1月1日以降より、必ず使用できる。

6) 一方ビザ免除国の国民によるベトナム入国は、(日本、韓国、スウェーデン、ノルウェイ、デンマーク、フィンランド、およびロシアのパスポート保持者) 下記4条件を満たす場合、最大15日間の滞在が許可される。

(i) 出国日におけるパスポート有効期限が6か月以上ある。

(ii) 前回のベトナム出国日から30日以上の期間が経過している。(旅券でのベトナム出国税関審査官の最新出国印に基づく)。

(iii) 往復航空券又は、第三国への航空券が必要です。

(iv) ベトナム入国禁止対象者リストに属しない。

＊但し、 上記 (i,ii,iii) の条件が1項目でも、該当しない場合は、ビザ取得が必要である、例えば、ベトナムから他の国に入国し、(ベトナム→日本又は近隣国→ベトナム) 再びベトナム入国での期間が30日未満は、ビザ収得しなければならない (ビザ申請書は下記のリンクでダウンロード可能
http://visa.mofa.gov.vn/_layouts/registration/ApplicationForm.aspx)

7) 下記の場合において、国際空港などにて、到着ビザ発行を受けられる (ベトナム入国管理局によって承認書が必要である)。

(i) ベトナム入国ビザを発行するベトナム大使館、領事館が不在の国から渡航してきた外国人;

(ii) 多くの国を連続的に経由してベトナムへ渡航してきた外国人;

(iii) ベトナムに会社のある国際旅行社が実施する政府主催ツアー、プログラムに参加する目的で入国する外国人;

(iv) ベトナムの港に停泊している船舶の船員で別の港から出国する必要がある外国人;

(v) 親族の葬儀参加あるいは重篤の見舞い目的の外国人;

(vi) 緊急事故、救助隊、レスキュー隊、災害防止、疫病対応など、ベトナムの行政機関より要請を受けた場合の入国する外国人。

2015年より外国人に発行するビザは20種類になりました。以下に一般的な人が該当するビザを12種類紹介します。

2015年1月新発行ビザ一覧（1部抜粋）

名称	発給される対象者	ビザの最長期間	短期滞在許可証の最長期間
DT	外国人投資家、外国人弁護士	5年	5年
DN	ベトナム企業を訪問する外国人	12か月	記載なし
NN1	国際組織のプロジェクト、外国の非政府組織の駐在員事務所の所長	12か月	3年
NN2	外国企業の駐在員事務所、支店の代表者、外国の経済組織、文化組織、その他の専門組織の代表者	12か月	3年
NN3	非政府組織、駐在員事務所、外国企業の支店、外国の経済組織、文化組織、その他の専門組織の駐在事務所に就労する者	12か月	記載なし
DH	研修・学習する者	12か月	5年
HN	会議、シンポジウムに参加する者	3か月	記載なし
PV1	常駐するジャーナリスト	12か月	2年
PV2	短期間の活動を行うジャーナリスト	12か月	記載なし
LD	就労する者（注:外資企業）	2年	2年
DL	観光客	3か月	記載なし
VR	親族訪問、その他の目的の者	6か月	記載なし

※ DT、DN ビザが新設された。DT ビザは投資ライセンスの取得が条件となるが、DN ビザは投資ライセンス保有企業の招聘で取得可能となる。

第4章　ベトナムコンドミニアム紹介

ここからは、ベトナムで不動産購入を考える人向けに、具体的に個々のコンドミニアムの紹介をしていきたいと思います。

ベトナムで不動産を購入する場合は、まずはハノイ市かホーチミン市のどちらかを狙うことになります。地方都市に不動産を購入したい場合には、大都市に1戸購入してから、検討されることをおすすめします。

概ねハノイの物件は平米単価がホーチミン市より安く、優良な物件も多いのですが、賃料が安く利回りは低いのが特徴です。また、物件によっては内装設備が全くない物件からキッチン、照明、エアコン付まで様々なタイプがあり、一概に単価で比べることはできません。また、価格上昇率もホーチミン市の方が高くなっています。もともとハノイは社会主義国であったために、投資という発想がなかったためではないかと思います。その点ホーチミン市は約40年前には資本主義国でしたので、投資に対する意欲が高いのではないでしょうか。

ベトナム戦争で、南部の主要都市の不動産はハノイ人に接収されたため、南部人には不動産を持っていない人が多く、ハノイ人に家賃を払って自分の家に住んでいるなんていう気の毒な人もいます。ホーチミン市中心部の不動産はハノイ人が所有しているので、働かなくてもお金持ちが多いうえに、相続しても税金がかからないなどの優遇を受けているため、ハノイ人は孫の代まで、生活が安定しています。国営企業もハノイ人の縁故採用が中心です。なんでもハノイにお伺いを立てないと物事が進まないことも南部人の不満になっています。

弊社のベトナム人従業員にハノイ不動産の視察に行こうと提案したときは、行きたくないという人が続出して困りました。南部の人間が行くと言葉が違うので、タクシーに乗ったら法外な料金を請求されるとか、レストランに入ると高い金額を請求されるなど、悪いうわさがホーチミン市を駆け巡っているようです。しかし、実際に行ってみるとそんなことはありませんでした。それでも南部人は北部人が嫌いなようです。ハノイ市に行くと一番に感じるのは、街並みが中国的なところですが、コンビニが１件もないのも不思議ですし、ホーチミン市のチェーン店は全く進出していないところも徹底しています。タクシーもマイリーン１社だけが全国チェーンです。

歴史的背景や街の発展度合、人口を考えると、ホーチミン市の不動産のほうが、購買意欲が高いと考えたほうがよさそうです。２０１５年現在、ホーチミン市人口約９００万人、ハノイ市約７００万人と考えてよいでしょう。

弊社もベトナムの日本人向けに、不動産購入セミナーを開催していますが、ホーチミン市は参加者が多いのに対して、ハノイ市はほとんど集まりません。現地に住んでいる日本人でもハノイは人気がないようです。

ハノイは気候的にも夏は蒸し暑く、冬は寒いため南国のイメージはありません。ホーチミンと違って台風も来ます。その都度道路は１ｍ以上冠水して、バスでも通行できません。気候的には日本に似

ハノイではそれほどバイクが走っていない。
ホーチミン市ほどの活気は感じられない

ているため、海外に移住した感じはあまりしません。

歴史的にも中国の一部であった時代が長く、街並みも中国の古都を彷彿させます。道も狭く建物も古いといった印象です。

それでは、具体的な物件を都市別にご紹介していきましょう。

ベトナムの不動産価格は、平米当たり１０００ＵＳＤ～２０００ＵＳＤの物件が多く、大変お買得だといえます。周辺国の首都圏中心部相場単価を見ると、フィリピンが３５００ＵＳＤ以上、タイが４０００ＵＳＤ以上、マレーシアが６０００ＵＳＤ以上となっていますので、金額的にも非常に魅力的です。

ホーチミン市

〈ホーチミン注目物件〉

「CANTAVIL PREMIER　（カンタビル・プレミア）」

［国家プロジェクト］ホーチミン市初の地下鉄計画の駅近で将来性有望。生活利便性を追求した商業施設との複合コンドミニアム。

カンタビル・プレミアは、ホーチミン市1区の中心街（日本人街）から車で約20分くらいの2区にあります。サロハノイ通りに面しているため、どこへ行くのも便利な立地条件にあります。また、2020年に開業予定のホーチミン市初の地下鉄駅が目の前に予定されており、隣にはメトロ（ドイツ系の最大規模で有名なスーパー）があります。総戸数は200戸（ペントハウスを含まない）で2014年6月竣工。23階2棟のコンドミニアムをつなぐ10階建の建物には、フランス系の食品スーパー（Big-C）、マレーシア系の百貨店（Parkson）、映画館（Lotte Cinema）、ジム、ゴルフ練習場、カフェ、レストランなどの施設が入っています。

さらに、この建物の屋上には、長さ50メートルの長細い形をしたプールが設置されており、スイミングをしながら高層からのホーチミン市の風景を望むことができます。これらの施設ではストレスを有効的に解消してリラックスタイムを楽しめます。生活に必要な施設・サービスはこのコンドミニアム内で全て揃っておりますので非常に便利です。

売場は食品から日用雑貨まですべて揃う。1・2階は高級百貨店パークソン
ツインタワーをつなぐプールが特徴

〈ホーチミン注目物件〉

City Garden （シティガーデン）

外国人駐在員に人気のエリア「ビンタン区」にある静かな住宅環境が特徴。2012年完成の最新物件で即入居が可能。

シティガーデンは、ホーチミン市1区の中心街（日本人街）からわずか1.5キロの距離、車で約10分で行けるビンタン区にあり、一面の深い緑に囲まれた2万3千メートルの敷地に設置されています。総戸数は927戸。シティガーデン・コンドミニアムは、都心におけるの生活の快適さ味わいながらも、市内の喧騒から離れた場所に位置しています。敷地内には、ミニショップ、ジム、プール、レストランなどの施設が入っています。このコンドミニアムは、楕円形をした優れたデザインによって、建築物のすべての部屋に十分な陽光が入り込むように設計されています。また、景観だけでなく、太陽の陰影と造園とを統合的に設計することで、陽光を最大限に生かした優れたパッシブソーラーを実現しています。このシティガーデンの空間は、ベルト・コリンズ（米国）景観設計会社によって設計され、彼らの豊富な経験は、景観デザインを配慮しながらも、芝生、子どもの遊び場、バーベキューガーデン、フィットネスエリア、スイミングプール、ジョギングコースなどを取り入れ、インスピレーションを最大限に生かしながら暮らせる、最高のファミリーライフの実現を可能にしました。

楕円形の独特なデザイン

プールとジム棟

〈ホーチミン注目物件〉

GALAXY 9 RESIDENCE （ギャラクシー９ レジデンス）

ベトナム人の暮らしが満喫できるローカル市場、屋台等が立ち並ぶ活気にあふれる街。
2015年12月完成予定のミドルクラスコンドミニアム。ホーチミン市最大デベロッパー NOVALAND が開発する注目物件。

ギャラクシー 9は、9号 Nguyen Khoai 通りの4区に建設されるので、1区の中心部までは5分、5区の商業センターまでも5分、南部ホーチミンの7区までは10分、Thu Thiem との新都市までも10分で行ける距離にあります。Van Don 岸からわずか200メートルのところにあるので、いつも、涼しい風が吹いてくる気持ちのいい場所にあります。そして、ギャラクシーからは、光り輝く夜のホーチミン市（旧サイゴン）や、祝日に打ち上げられる華やかな花火を眺めることもできます。それに、ギャラクシーの周辺には、ベトナム風市場、屋台などが数多くあるので、ベトナムの文化、ベトナム人の生活に興味をもっている人にはおすすめの物件です。

周辺の市場は日本の商店街のように道路の両側でつながっています。その長さは市内有数で活気にあふれています。夜になると屋台に灯りがともり、食欲をそそります。

部屋の広さにもバリエーションがあり、48.7㎡～ 122.4㎡まで13種類の部屋を求められるので、需要に応じた部屋の選択ができ、すべての世帯に対応が可能です。

中央はプール、裏に公園がある

〈ホーチミン注目物件〉

LEXINGTON RESIDENCE　（レキシントン・レジデンス）

［国家プロジェクト］ホーチミン市初の地下鉄計画駅徒歩圏で将来性有望。生活利便性を追求した商業施設との複合コンドミニアム。

レキシントン・レジデンスは、ホーチミン市で再開発が最も盛んな2区のMai Chi Tho通りにあり、Thu Thiemトンネルを通じ、1区の中心部まで約10分と大変便利なところに建設されるコンドミニアムです。また、City Houseという87haの区画に属し、An Phu新都市の7haの公園の隣にあるので、住民は生活空間に憩いを感じることができます。

この敷地内には、4棟のコンドミニアムと5階建のショッピングセンターがあり、4棟の建物は全て25階建です。

レキシントンのデザインは、現代のアジア建築の潮流に基づいて、敷地内には、ジム、プール、カフェ、ショッピングセンターなどの付帯施設があるので、快適な都市生活を送ることができます。また、ショッピングセンターの屋上がプールになっているので、ホーチミン市の夜景を見ながらのスイミングが楽しめます。

近くには高級百貨店パークソン、ディスカウントショップ、食品スーパー、映画館、レストランなどがあります。1 Bed roomが700万円からと大変リーズナブルであったため、販売から約3か月で完売しました。

中央5階建て屋上にシティビュープールがある

モデルルーム

〈ホーチミン注目物件〉

MASTERI THAO DIEN　（マステリ・タオデン）

外国人駐在員に人気のエリア「Thao Dien」にある駅直結物件

T1,T2, T4棟は完売 !T3棟も残りわずかの超人気コンドミニアム

ホーチミン市2区にある高級住宅街タオデンは、近年急速に高級住宅街として発展している地区です。そのタオデン地区に計画されている駅直結物件「MASTERI」は、多くの外国人が関心をもっている建物です。それは、駅に隣接している物件の価値が高いことを知っている欧米人や日本人が、ベトナムの都市計画を吟味しながら、現在は駅がないものの、将来の計画では駅直結になる物件を狙っているからです。この計画は、ホーチミン市初の地下鉄1号線で7番目の駅に直結しているだけでなく、ホーチミン市で最も巨大なショッピングセンターの計画にも関係しています。そのため、通勤や買い物に便利であるとともに、高層階から眺めるサイゴンの景色がとてもよく見える最高の場所といえるでしょう。物件は、サロハノイ道路に隣接しているため、周辺の工業団地や中心部へのアクセスもよく、賃貸ニーズも高いと思われます。近くに、ドイツ系のメトロホールセール、マレーシア系のパークソンデパート、フランス系のBig-C、韓国系のロッテシネマなど、インターナショナルな施設がたくさんあります。3000戸以上で4棟からなる41-45階建のコンドミニアム、オフィスタワー、ホテル、学校、湖近くの3500㎡の公園が都市生活と自然を調和して、住民の自然環境生活を楽しむことができるようになっています。バーベキューガーデン、ジム、プールなどの設備も家族で楽しむことができるでしょう。

手前はホーチミン市最大面積のショッピングセンター

〈ホーチミン注目物件〉

VINHOMES CENTRAL PARK　（ビンホームス・セントラルパーク）

ベトナム最高建築物81階建てタワーとホーチミン市最大の開発プロジェクト。約40ha もの敷地に50階建てのコンドミニアムが立ち並ぶ壮大な計画

ホーチミン市1区に隣接するビンタイン区は、中心部に最も近く外国人に人気のある地域です。建設中の81階建ての超高層ビル、ザ・ランドマーク81は高さ350m で、ベトナムで最も高い建築物となります。イギリスのアトキンス社が設計し、内装は世界的一流ブランドのヴェルサーチ、アルマーニが手がけるという、東南アジアでも最高級の高層ビルになる予定です。将来、この地域には、高級ホテルとオフィスが計画されており、ドバイの都市をイメージさせるような一画になります。

また、ザ・ランドマーク81を中心に、21棟の高層ビルが立ち並び、コンドミニアム1万戸が建設される予定です。この新都市は、外国人に最も人気のあるサイゴンパールと隣接しており、川沿いの道路で接続する計画です。2020年に開通予定の地下鉄駅まで徒歩5分、タクシーで1区の中心部まで約10分と最高の立地となっています。サイゴン河沿いに計画された Vinhomes ニューポートは、ダウンタウンサイゴンで最も近代的な都市の一つとなるでしょう。セントラルパークは、ニューヨークの公園から名付けられただけあり、ホーチミン市で最も大きい公園が敷地内に整備される予定です。水辺ゾーンには、川沿いにあるプール、ジム、ヨットハーバー、別荘、病院、学校、ショッピングセンターでの憩いの場など、充実した施設が整います。モデルルームにはクルーザーが係留されており、来場者が乗船できるなど、超リッチな雰囲気が楽しめます。

セントラルパークの完成予想図。どことなくドバイの都市をイメージさせる

モデルルームには高級クルーザーが停泊

セントラルパーク工事現場

〈ホーチミン注目物件〉

RIVIERA POINT　（リビエラ・ポイント）

人気エリア7区のリバーサイドに誕生する11棟の高級高層コンドミニアム。全棟をブリッジで繋ぎ商業施設一体型の大規模開発物件。
設計デザインはシンガポールを代表する KEPPEL　LAND が担当

リビエラ・ポイントは、Keppel Land Singapore の投資によって計画された、全棟の正面が川に沿うコンドミニアムです。 ショッピングセンターまで1分、名高いインターナショナルスクールまで3分、FV 病院まで5分、2区まで8分、大規模ショッピングセンター韓国系のロッテマートまで8分、RMIT 大学まで8分、ホーチミン市の中心部の1区まで15分ぐらいで行ける場所に建設されているので、便利で快適な都市生活を味わうことができます。ここで暮らす住民は、新鮮な空気、涼しい風を満喫しながら、中心部の喧騒を離れ、静かな空間で生活することができます。それに、全棟の29階のリバービューにはスカイガーデンデッキが設置されますので、住民もゲストも、ここを散歩しながらサンセットビューを楽しむことができます。

内装・設備デザインはシンガポールの KEPPEL LAND が担当しているだけであって、かなり完成度が高いといえます。私が見た物件の中でデザイン性の最も高い物件です。11棟が完成すると下駄ばきのように商業・サービステナントが入居する予定ですので、快適なマンションライフが期待できます。

川沿いコンドならではの夜景

〈ホーチミン注目物件〉

SaiGon　Pearl　（サイゴンパール）

ホーチミン市で1番の人気を誇る高級コンドミニアム。広大な敷地に高級ビラや公園がありサイゴン川に面した最高立地。

サイゴンパールは、ホーチミン市1区の中心街（ホーチミン市人民委員会）からわずか3.5キロ、車で約10分にありながら、都心の喧騒から離れたサイゴン川沿いのエクスクルーシブな景観を味わえる地域にあります。35階建ての高層コンドミニアムは、6棟の建物から構成されており、総戸数約1500戸のホーチミン市で人気No.1の、最高級コンドミニアムです。遠くからでもリバーサイドに聳え立つ建築群は、ホーチミン市のシンボルと言えるでしょう。

広大な敷地内には、食品スーパー、雑貨店、カフェ、ジム、プール、インターナショナルスクール、スパ、銀行、クリーニング店、コンビニなどが入っています。特にサイゴン川を眺めながらのプールとプールサイドにあるパールカフェは、南国ムード満点で、ハワイの高級ホテルに滞在しているような錯覚に陥ります。地下には、駐車場・駐輪場もたくさん保有しており、6棟すべての建物が地下で繋がっているため、雨季のスコール時でも傘を持つことなくすべての生活を送ることが可能です。また専属の警備員が24時間監視しており、家族連れの方でも安心して生活できます。

外国人、特に日本人が多く居住している物件で2006年～2011年に完成しました。外観デザインやライトアップが独特で人気の要因となっています。

サイゴン川沿いのプール

デザイン性にすぐれた外観

〈ホーチミン注目物件〉

SSG TOWER （SSG　タワー）

オフィスビルとコンドミニアムを一体化させたプロジェクト。
SSG Group が生活利便性を追求した商業施設との複合コンドミニアム。

ベトナムランドSSG有限責任会社は、ベトナムランド有限責任会社（香港系企業）とSSGグループ株式会社との合弁会社です。SSGグループは、香港の主要企業が23社も入っており、大規模の不動産プロジェット投資開発、建設工事設計、内装設計、配置計画などの多く分野にて活動している株式会社です。

また、ベトナムランドSSG有限責任会社は、中国、香港、カナダ、米国におけるSun Wahをはじめとする香港のトップクラスの不動産会社等が設立した大企業です。SSGタワーは、5階建のショッピングセンターの上に、コンドミニアムとして使用される24階建タワーと事務所として使用される27階建タワーが建設される、ホーチミン市の中心部にある最高級の複合開発です。各コンドミニアムの面積は55～123㎡。内側にコンドミニアムブロック、事務所ブロック、ショッピングセンターを繋ぎ、建物には地下があって、この地下のB1階には4000㎡のスーパーが入居予定です。建物から出ることなく買い物ができ、敷地内にオフィスがあるため職住近接型の物件といえるでしょう。

同物件は投資総額約79億円、敷地面積6000㎡、SSG建設不動産株式会社が建設を担当します。SSGはビンタイン区で複合ビル「ペトロセトコSSG」、2区で「タオディエンパール（高級マンション）」、タンビン区の「エアポートプラザ（ホテル・オフィスビル）」も展開してます。

オフィスとコンドが一体となった開発

〈ホーチミン注目物件〉

Sunrise City　（サンライズシティ）

5万㎡の敷地に31-35階建ての高層コンドが立ち並ぶ先進国並みのプロジェクト中心となるセントラルタワーは商業施設との複合と総合スーパー直近の利便性。

サンライズシティは、ホーチミン市の高級住宅街7区にある、高級高層コンドミニアム12棟のプロジェクトです。ホーチミン市1区の中心ベンタイン市場まで約3キロ、車で約10分という好立地条件に位置しています。現在「South Towers」の区画に6棟竣工していますが、「Central Towers」（2015年竣工）「North Towers」（2016年竣工予定）の区画にそれぞれ4棟と2棟建設される予定で、計12棟の大規模な高級レジデンスシティが誕生する予定です。

敷地内には、プール、ジム、ミニシアター、銀行、ショッピングセンターなどの施設が整っており、また道路を挟んだ向かいには、ホーチミン市最大級の総合スーパー「ロッテマート」があるため、毎日の生鮮食品や日用品をすぐに揃えられ非常に暮らしやすい環境です。

ロッテマートには映画館、レストラン、ボーリング場、本屋などがあり、ショッピングと趣味の時間を過ごすことができます。

市内を見渡せるプール

ガラスを多用した外観

モデルルーム

完成したセントラルタワー

〈ホーチミン注目物件〉

TROPIC GARDEN　（トロピックガーデン）

外国人駐在員に人気のエリア「Thao Dien」にある静かな住宅環境が特徴。A棟は2014年完成済で即入居が可能。

トロピックガーデンは2区の高級別荘地区であるThao Dien（上流階級、外国人上級管理職層が生活している場所）の地区内にあり、周辺に高級施設を多く集めるコンドミニアムです。雄大なサイゴン川を望むトロピックガーデンは、Thao Dienの緑に囲まれておりますので、バイクの喧騒や排気ガスのない、清涼な空気が心地よい風とともに運ばれてきます。ここに住む人びとには、サイゴンの快適な気候とともに、満足した生活を堪能していただけるでしょう。このコンドミニアムは、洋風のデザインで、敷地内に公園・プールがあります。総面積2.5haもの敷地に5棟のコンドミニアムの建設が予定されています。トロピックガーデンプロジェクトは、ステージ1で、C1、C2-27階建て388UNITの2棟が建設されました（2014年完成）。ステージ2では、B-27階建て232UNITを建設し、ステージ3で、A1、A2-27階建て338UNITが建設されました。（2016年4月）。全てが完成すると、27階建て5棟のコンドミニアムとバーベキュー公園があなたを迎えることになります。

立地は高級ビラ地区

5スターホテルのようなプール

ビューテーマは、サイゴン川と涼しい緑のキャンパスロマンチックです。インテリアデザインは、シンプルで洗練された、コンパクトな構造、時間をかけて建設された建物は、耐久性のある品質保証つきです。美しい建築デザインは、非常に古典的なだけでなく、近代的で、西洋のイメージをもたらします。プール、ジム、スパ、ジョギングコース、トロピック庭園、ランドリー、クリーニング、24時間セキュリティ、レストラン（ベトナム・フランス・イタリア）などの充実した施設も特徴です。

これらのコンドミニアムのほかにも、以下のような物件があります。建物の名称と外観だけを紹介しておきます。

〈ホーチミン注目物件〉

THE Park Residence　（パークレジデンス）

パークレジデンスはホーチミン市7区に隣接するニャベに位置します。7区まではバイクで5分足らずにある好立地にもかかわらず、自然を満喫できる場所にあります。プールとバーベキューハウスが売りのファミリーに人気の高い設計となっています。販売㎡単価も1,000USDと大変リーズナブルです。

7区へのアクセスはバツグン

池と緑に囲まれている

〈ホーチミン注目物件〉

Estella　Heights　（エステラハイツ）

エステラハイツは地下鉄1号線沿線の2区にあります。大型ショッピングセンターとの一体型ツインタワーです。池のように長いプールが特徴で中間階にもオアシスを設けるなど、環境に配慮した設計となっています。

モデルルーム

完成予想模型

ハノイ市

〈ハノイ注目物件〉

Discovery Complex （ディスカバリー・コンプレックス）

195m54階建てハノイ初のスカイトレイン駅直結型高層ツインタワー。8フロアーもの大型商業施設との複合開発コンセプト。2016年3月完成予定。

ディスカバリー・コンプレックスは、Cau Giay区の中心部にあり、交通が便利な場所ですが、さらに、開通予定のスカイトレイン7番目の駅に直結するところに建設されます。この建物の特徴は、4フロアーをスカイガーデンとして使用できることで、居住者の便宜を計らいながらも、環境に優しい配慮がなされていることです。ツインタワーのコンドは、空気の流れが良く、日当たりを十分に考慮してデザインされています。

ツインタワーの地下の面積は、44000㎡もあるので、1252台の車と、4000台のバイクを駐車できるスペースになっています。ほかにも、このコンドミニアムには、400㎡のプール、フィットネットセンター、クリニック、カフェ、スパ、スーパーマーケットなどの施設があり、これらの施設は居住用タワーの直下にあります。

空港からも近く、部屋からは、Nghia Do公園、西湖、紅河が眺められるだけではなく、ハノイ市内全体を見渡すことができ、居住者が満足感を覚えながら、ハイレベルな都市生活を満喫できます。

駅直結物件は将来性あり

２棟の間にあるプール

〈ハノイ注目物件〉

Eurowindow MultiComplex （ユーロウインドウ・マルチコンプレックス）
デザイン、設備、生活利便性等が外国人駐在員に人気。
2013年完成の最新物件で即入居が可能。

ユーロウインドウ・マルチコンプレックスは、首都の旧市街と最新行政センターを繋ぐポイントにあります。近くには銀行、税務所などのサービス施設があり、各種交通路の主要幹線沿いにあるため、ハノイ市内の各地区への移動に便利です。また、この建物の周辺には、幼稚園、小学校、中学校、高校、大学や大手のスーパーマーケットなどがあるので、ふだんの生活にも極めて便利です。

ガラス張りの外観

建物の各ユニットは、居住者それぞれの個性が発揮できるよう、各部屋に設置する家具は居住者が選択できるようになっています。したがって、自分の好みや嗜好性に合わせながら、美的に、風水的に、個性などと合致させながら、独自のデザイン、色、価格を選択することができます。もっとも、技術的に許される範囲内であることは承知しておいてください。とくに、東洋人は無意識のうちにも風水を重んじる傾向にあります。その意を汲んで、この建物では、風水的に、ベッド、祭壇、キッチンの方向を決めることが可能なのです。居住家族の構成や年齢に応じて、風水に基づいた、壁、衛生設備、家具などの位置や色などを自由にアレンジできるように配慮されています。

モデルルーム

エレベーターホールや廊下が広いのがベトナムの特徴

〈ハノイ注目物件〉

Indochina Plaza　（インドチャイナプラザ）

新都心ビジネス街に位置しスカイトレイン駅正面の利便性。2012年完成でデベロッパーは開発実績のあるインドチャイナ社なので安心。

IPHは、Cau Giay区内の1.6haの敷地内に設置され、Xuan Thuy通りとPham Van Dong通りが交差する場所に建設されます。この交差点は、将来、ハノイの新都心のメインの入口になります。IPHの前には、スカイトレインの（Xuan ThuyS7）駅があり、ハノイの中心部に接続する予定ですから、将来はこの物件の不動産的な価値を高く上げるでしょう。 この建物に併設されているIndochina Plaza Hanoiのショッピングセンターは、この建物だけではなく、近隣の住民にもサービスが提供されるため、多くの人びとのショッピングニーズに応えるだけの品揃えが期待できます。

すっきりしたデザイン

モデルルーム

この建物は、インドチャイナランドの投資会社として有名なプリンシパルベトナムが、本腰を入れて関わる本格的コンドミニアムです。これまでにプリンシパルベトナムは、開発や住宅、小売、オフィス、ホテル、リゾートなどを含む不動産会社として、資金調達における18年間のトラックレコードをもっている大手投資会社です。その会社の不動産プロジェクトによって、この建物は建てられるのです。インドチャイナランドは、今日では、米国でも第一線で営業を行っており、ベトナムで開発中のプロジェクトでもっとも高額の投資をしている会社です。

〈ハノイ注目物件〉

Le Pont D'or Hoan Cau　（ル・ポンド・ドゥ・ホアンカウ）

湖の畔に立つ重厚なデザインと自然との調和が特徴。
地上23階地下4階で308Unitの計画。

ル・ポンド・ドゥ・ホアンカウは、ハノイの中心部の近くにある、緑豊かな場所にあり、隣にはDong Daという湖のあるとても素敵な場所に建設されるコンドミニアムです。そのため、居住者には、心地よい空間だけではなく、優雅な気持ちでいられる生活が保証できます。この建物からは、スカイトレインやバイク、車などを利用してハノイの中心部や、他の主だった施設まで、わずかの時間で行けます。この建物の周囲は、緑の公園と湖に囲まれているので、いつも涼しい風が室内に流れ込み、さわやかな日々を送ることができるでしょう。

また、独特なデザインにて、日当たりが良いだけではなく、自然換気もとても最高ですので、ここに住めば楽な気持ちを感じられます。ユーザーのニーズ、スタイルに合わせて提案される、理想的な住居のための様々なオプションは、プロジェクトの強みです。サンシャインと家全体に充填された涼しい風と、ダイニングルームやベッドルームには、素晴らしい風景のパノラマビューを楽しむことができます。ベッドルームのデザインはゆったりした創りで、独立したドレッシングルーム、トイレの設備があります。

湖畔に住むことを夢見ていたあなたには是非おすすめの物件です。

まるで西洋のお城

豪華なロビー

〈ハノイ注目物件〉

Royal City　（ロイヤルシティ）

15haもの面積を持つベトナム最大のメガモールが地下に開業。
2013年完成の最新物件で即入居が可能、しかも安い。

ベトナム最大の不動産投資会社ビングループが、英知を結集したビンコムメガモール。15haの巨大な地下ショッピングモールには600ものテナントが入り、4.4haもの面積を誇るフードコートには、200以上のレストランで各種の食事が楽しめます。このメガモールの地上に設けられたロイヤルシティは、広場面積約3haを誇り、敷地内の各所には彫刻や熱帯植物が置かれ、美しいヨーロッパ風の建築庭園と相俟って、洗練された文化的な空間と欧州的な豪華さ醸し出しています。この近代的でロマンチックな雰囲気を演出した最高級のコンドミニアムは、ハノイでもっとも美しく、かつ豪華な建築物です。

敷地内にある広大な緑の空間、居住者だけでなく、近隣の人びとにも開放されており、さまざまな人のニーズを応えられるだけの付帯施設があります。インドアウォーターパーク　のテーマは、2.4haの広さを誇る「熱帯のジャングル」。四季を通じて施設内にあるサーフィンプールシステム、ジャグジー、スイミングプール、豊富なウォーターゲームなどを、施設を訪れてくれたゲストや観光客と一緒に楽しめる空間です。

また、プロのアイスホッケー試合ができるスケートリンクやジムも充実しています。コンドミニアムは4000戸のプロジェクトでハノイ市でも最大級の物件といえるでしょう。

白を基調にしたコロニアル風建築

メガモール売場

〈ハノイ注目物件〉

Water Mark　（ウォーターマーク）

高級コンドミニアム「City　Garden」と同じ円形のアイデンティティあふれるデザイン。人気エリア「タイ湖」を眺望できる湖畔の最高立地。

日本料理店、インターナショナル・クリニック、幼稚園など、日本人居住者にうれしい施設が多い、タイ湖周辺人気のエリアに建てられるコンドミニアムです。ウォーターマークは、タイ湖西岸沿いに建設されているので、湖の向こうから昇ってくる美しいサンライズが魅力のコンドミニアムです。正面がタイ湖に向いているので、とくに建物の高層階からは、より魅惑的な朝の景色を眺めることができます。また、独特の形をした円形デザインのコンドミニアムなので、遠くから眺めても強烈な存在感を発しています。

建物のある敷地内には、フィットネットセンター、プールなどが高級感あふれる造りとなっており、ベトナムでの優雅な生活を満喫できます。また、コンドミニアム周辺には、美味しさにかけてはハノイでも評判の高いレストランがたくさんあります。さらに、徒歩圏内には大きな市場があり、新鮮な食材を手軽に、しかも安く購入でき、料理する楽しさも一段と増します。

朝タイ湖でジョギングをしてから会社に行く健康的な生活があなたを待っています。

コンドミニアムからのタイ湖の眺めがすばらしい

ニャチャン

〈ニャチャン注目物件〉

THE　COSTA　（ザ・コスタ）

インターコンチネンタルホテルとのツインタワーで高級感抜群
目の前がビーチでリゾート生活が満喫できる

右側がインターコンチネンタルホテル

ダナンと並ぶベトナム中部の観光地ニャチャンは、素晴らしいロングビーチが人気です。そのビーチの前にそびえ立つ、ザ・コスタは最高のロケーションといえるでしょう。ビーチは東向きでサンライズを浴びながら、目覚めるベッドルームとベランダで取る朝食はリゾート地ならではの贅沢です。

ダナン

〈ダナン注目物件〉

Azura - Luxury Apartment Building

市内を流れる川に反射するライト

ダナン市中心部とリバーまたは海を展望できる抜群のロケーション。 総面積3238平方メートルで34階建て、225ユニットの高層コンドミニアム。1Bed～4Bedまでのバリエーションは、67.3㎡～423㎡でペントハウスも設置されています。リバービューとビーチビューのバリエーションはどちらを選んでも美しい景色が一望できます。付帯設備はスイミングプール、フィットネスセンター、カフェ、レストラン、ミニマート等充実しています。

現在の販売は、ベトナム人のためのフリーホールドと外国人のための借地権50年となります。 新しい法律は2015年7月1日に発効しますので、それ以降に購入する外国人のための所有権は50年間となり延長も可能です。

デベロッパーはVinaCapitalリアルエステート株式会社とデンマークのノルディカ（NRE）で現在までに200ユニットが販売されています。

この計画以外にもダナン市では海外沿いのリゾート物件があります。

ビンズオン

〈ビンズオン注目物件〉

SORA Gardens

東京急行電鉄の現地合弁会社、ベガメックス東急が南部ビンズオン省で建設を進める「東急ビンズオン・ガーデンシティ」はホーチミン市の北部に位置する新都市計画です。そのマンションプロジェクト「ソラ・ガーデンズ」の第1街区で、敷地面積約9000㎡に24階建てのタワーマンション2棟が2015年3月に完成しました。戸数は約400戸で、プールやジム、ゲストルームなども備えています。面積は70~100㎡で、販売単価は1000USDからとなっています。「ソラ・ガーデンズ」の第2、第3街区は今後着工予定で、すべてが完成すると約1500戸になる見通しです。日本品質のこのマンションも目が離せません。

その他の都市

ベトナムには、ホーチミンやハノイ、ニャチャン、ダナン以外にもさまざまな都市があります。ベトナム中部の港湾都市であるダナンは外国人にも人気があり、最近問い合わせがあります。日本からの直行便もあります。北部の工業都市であるハイフォンあたりは少し時間がかかると思いますが、南部のリゾート地であるファンティエットなども、今までは開発計画だけで止まっていましたが、一気に動きが出て来ると思われます。

日本のバブルを思い出して下さい。東京、大阪で加熱した不動産バブルが地方都市にまで波及したように、ベトナムはまさに好景気の入口に立っているのです。そして、私たち日本人はそのことを経験して知っているのです。

ベトナムデベロッパー情報

NOVALAND GROUP

1992年に設立したNovaland Group（ノヴァランドグループ）は、ベトナムでのトップ不動産投資開発株式会社で、資本金は1兆2千億ドン（約60億円）です。Novaland Groupには建設、設計、貿易等、多くの専門家が集まっております。ノヴァランドグループ会長のBui Thanh Nhon（ブイタンニョン）さんは、米国のDratmouth大学の経営学科の経営学修士を卒業しました。Novaland Groupは500万ドルにも及ぶ投資を有するサンライズシティとの高級住宅街をはじめ、The Prince Residence, Tropic Garden, Lexington Recidence, Icon 56, Golf Park等の高級なプロジェットの出資者です。

また、2013年のアジアのトップテンインベストメント、2013優秀ブランド等の不動産分野における優秀賞を与えられました。

VIỆT NAM LAND SSG

VietNam Land SSG有限責任会社は、Vietnam Land有限責任会社（香港系企業）とSSG Group株式会社との合弁会社です。SSG Groupは、主要企業が23社も入っており、大規模の不動産プロジェット投資開発、建設工事設計、内装設計、配置計画等の多く分野にて活動している株式会社です。そして、VietNam Land有限責任会社は、中国、香港、カナダ、米国におけるSun Wahをはじめとする香港のトップで、有秀な不動産会社等が設立された大企業です。現在、VietNam land 有限責任会社は、現在、Nguyen Hue大通りにあるSun Wahビルを所有しております。そして、SSG Groupは何年の経験により、Saigon Pearl Villas、Thao Dien Pearl、Saigon Air Port Plaza、SSG Tower等の大規模なプロジェクトを成功しました。

REFICO, FICO, SAPPHIRE, CUBE

City Gardenのデベロッパーは Refico不動産開発会社、Fico建設材料会社、Sapphireベトナム現地不動産開発会社、CUBE投資管理会社が協力し設立しました。

Refico不動産開発会社は、マーケットリサーチも得意で、他の不動産経営会社トップとの仲も良く、外国での経験もある管理組織、従業員もいるおかげで、ベトナム不動産市場にてトップクラスコンドミニアムプロジェクトの投資をしました。

Fico建設材料会社は、ベトナムトップ経営企業で、建設材料生産と経営、不動産とインフラ工事、民間用と工場用建設業界分野において活動しております。2010年7月1日にFicoは1名有限責任会社になりました。その他、3社の子会社を持ち、10社と合併し、他の13社へ投資しております。そして、Ficoは、社内に8000人以上の従業員がおり、全国にて代理店を何千店舗も持っております。Ficoの製品は現在、ベトナムにて名高いブランドになりました。

Cubeは投資管理会社で、2003年に設立されました。財産管理総額は現在10億ドルほどに上ります。本社はロンドンと香港に、支社は上海・北京・モスクワに設置されております。Cubeの活動領域はヘッジファンドと不動産投資です。Cubeは信託され、英国財務サービス管理機関、香港株式委員会、Guernsey財務サービス委員会に監査を受けておりますので安心です。

Daewon – Thủ Đức　住宅開発株式会社

Deawon-Thu Duc住宅開発株式会社は、Deawon会社（韓国系企業）とThu Duc住宅開発株式会社2社の主なメンバーによって、設立されました。Deawon会社は、長い歴史を持ち、多くのトップの建設専門家を集める会社です。40年間のうちに、韓国政府から優秀賞を多く頂戴しました。2002年にDeawonは、ベトナムへの進出を始めました。そして現在まで、ハノイ、ダナン、ホーチミン市にて、大規模なプロジェットを施工、開発しました。例えば、Ho Tây（西湖）の西、Da Phuoc住宅街、Cantavil AN PHU、Cantavil Hoan Cau等です。

1990年に設立され、20年間以上経ったThu Duc住宅開発株式会社は、重要なプロジェットを施工しました。例えば、農産市場、フィットネスセンター、住宅、アパート等です。

VIN GROUP　ビングループ

2007年ベトナム証券市場に上場したビングループ株式会社は、ベトナム不動産業界で最大の会社です。

不動産、ホテル、観光、レクリエーション、病院、教育、小売りなど多くの分野に進出しています。ロイヤルシティ、ヴィンパールリゾートニャチャン、VINCOM センター、セントラルパークなどの大型プロジェクトをいくつも成功させています。

ビンコムメガモールはベトナム国内で25か所開業予定があり、商業分野でも最大規模の企業といえます。売上高は約1500億円で、経常利益は400億円を超える優良企業です。ファム・ニャット・ブオン会長は長者番付トップで資産は1136億円と発表されています。

関連会社のビンホームズがコンドミニアムの開発を行っています。

セントラルパークは50階建て17棟のコンドミニアムと81階建てタワーを中心とした42ha の巨大プロジェクトです。

ベトナム・アラカルト

ここでは皆さんに、ベトナムのことをもう少し理解してもらいたいを思います。わかりやすく具体的に説明していきますので、ベトナムをもっと好きになってください。

1．タクシーに注意!!

空港で白タクにつかまって法外な料金を請求されることがあります。私も2度やられました。日本からは夜中に着く便が多いため、両替やタクシーチケットを購入することは容易ではありません。最初は日本でＵＳＤに両替していきますが、タクシーではドルが使えないのとおつりをもらえないので、20ドルくらいは平気で取られます。実際には1区の中心部にあるホテルまでは15万ドン（桁が多いので、ベトナム貨幣に慣れるのが大変）約７５０円位で行けます。

バイクのタイヤを３つ歩道に並べるとバイク修理店の誕生だ

ここで桁の多いベトナムドンＶＮＤについて、少し解説します。円安の影響で1円＝１７７ＶＮＤまで交換レートが悪くなってしまいましたが、本書では計算しやすくするために、1円＝２００ＶＮＤで表示しています。つまりベトナムドンの表示額を２００で割ると、日本円になります。まずは両替して桁に慣れてください。いきなり何千万ものお金を手にするので、金持ちになった気分ですが、すぐに無くなります。

空港からホテルに行くときの注意点としては、

1　成田空港でベトナムドンに両替する（最近両替場ができた）。

2　ホーチミン国際空港に到着後ベトナムドンに両替する（手荷物検査が終了した空港の出口にある）。

3　空港でタクシーチケットを購入する（チケット以上ぼられることはない）。

4　最初に「タクシーはいらないか?」と声をかけてくる白服の男は無視する（タクシーの運転手は営業しない）。

5　空港を出たら左折して一番奥のタクシー乗り場に行く（右折すると偽タクシーが止まっている。

6　ビナサン・マイリーン・サイゴンツーリスト以外のタクシーには乗車しない、

7　係員に行先を告げた後、必ずタクシー番号を書いた名刺サイズの紙を係員にもらう（運転手が発行することはない）。

8　係員が行先をわからない場合は、運転手もわからないので場所がわかるまで説明する（わからないまま乗車しない）。

9　たいていの運転手は英語が分からない。

これだけ注意していればまず心配ないと思われます。

タクシーメーター（会社によって少し桁が異なる）

MAILINH（マイリーン）

VINASUN（ビナサン）

ここまでは、無事に来られましたか？　さあ、タクシーに乗ることができました。

では、空港を出発です。

ベトナムタクシーの初乗り料金は、１１０００ＶＮＤ／０・６５㎞でそれを超えると１６７００ＶＮＤ／㎞となります。31㎞以上走ると単価は安くなりますが、そこまでの遠出はあまりないと思います。

表示メーターは写真のように桁が少なく、初めての人は戸惑います。小数点以下は千の単位を省略したもので、写真の場合は「５３０００ＶＮＤ（約２６５円）」という意味です。見方がわからない外国人に53万ドン（約２６５０円）吹っかける運転手もいます。気をつけましょう。

タクシーはすべてトヨタ製で、７人乗りINOVA（イノーバ）が最も料金が高く、５人乗り、４人乗りと料金は安くなります。また、タクシー会社によって少し料金が異なります。トヨタ製でない車は白タクです。白タクは外見がそっくりですが、メーターの回転数が異常に速いので、法外な金額を請求できる仕組みです。

2. 温暖な気候

ハノイ市のあるベトナム北部地域は、四季があり、夏は湿度が高く冬は寒いため日本に近い気候と言われています。

ホーチミン市のあるベトナム南部地域は、１年中最高気温が約30度で、夜は25～27度と過ごしやすい地域です。雨季と乾季があり、雨季は５月～10月、乾季は11月～４月、夏は４月・５月で一番暑い時期です。乾季はほとんど雨が降らないため、湿度も低く大変過ごしやすい時期となります。乾季はスコールが中心で、日本の梅雨のように1日中ジメジメ降ることはありません。

3. フランス建築を残しつつ独自の建築を加えた美しい街並み

年配の人はみなさん言いますが、昭和30年〜40年ころの日本にそっくりだ！と感動されます。その光景を目に懐かしさが募り、そのまま永住したいと希望する方が多いのです。観光客で有名なドンコイ通り、レタントン通りの人民委員会庁舎周辺、レロイ通りなどを散策していると、落ち着いた雰囲気をたたえたフランス建築風景が広がります。

２０１５年5月にはホーチミン像のあるグエンフエ通りが、歩行者天国となって開放されました。サイゴン川から人民委員会庁舎まで是非歩いてみてください。

4. 肌の色、目、体型が日本人に似ている

東南アジアの人種は、チャイニーズ系を除けば浅黒い人がほとんどです。タイ、マレーシア、インドネシア、フィリピンに行くと、ぽっちゃり系の人が多いのも特徴です。しかし、ベトナム人だけは日本人と同じ黄色人種で、顔つきも日本人に似ています。スリムな体型で美人が多く、その体型を維持するためにあまり食べません。太ると伝統的衣装であるアオザイが着られなくなることを恐れているのだそうです。南部の人は考え方も日本人に近く、ベトナム戦争で敗戦していなければ、今のマレーシアよりも発展していたのではないかと思います。

ベトナム国内での計画のすべては、北部にある首都ハノイに決定権があり、あらゆることはゆっくりとしか進みません。政府関係者のほとんどは北部人で、縁故採用を基本としています。そのため、南部人は政府関係、国営企業にはなかなか就職できません。そのため優秀な人材を確保できず、また、都市計画が進まないという状態です。

5．日本人にあうベトナム料理の味

ベトナム料理は、基本的に味が淡白で日本食に近い料理です。辛くするときには、お好みで後から、パクチーや唐辛子を入れて調整するため、辛いのが苦手な日本人でも、好みの味に調整できます。

2015年5月に完成した歩行者天国（グエンフエ通り）

また、米麺で作られたフォーは、うどんに近く、生春巻き、野菜炒め、エビ料理、豚肉料理も日本食に近いと思います。年配の方には、とくに懐かしい味を体験できるでしょう。

また、価格が安いのも特徴です。

6．豊富な日本食レストラン

ベトナム各地には、日本食レストランもたくさんあります。とくに、ホーチミン市は東南アジアでは珍しく日本人街があり、レストランもほとんど1か所に集中しています。1区のレタントンストリートと言えば、どのタクシーでも案内してくれます。レタントン界隈には、日本食はすべて揃っています。

ホーチミン市レタントン通りの日本人街

また、日本人向けのホテルやバー、マッサージ、カラオケなど新宿のような感じです。ホーチミン市には日系レストランが２５０店舗あるといわれています。

弊社も4年ほどレタントン界隈でカフェレストランを経営していました。

ハノイの日本人居住区は、約５か所に分散して住んでいます。そのため日本食レストランも分散しており、１か所に集中していません。また、ぶらぶら散歩しながら店を探すのは難しいので、あらかじめ調べておきましょう。タイ湖周辺、キンマー地区、ハイバーチュン地区、ホアンキエム地区などには有名な日本食レストランがあります。

ホーチミン市に比べると日系レストランが少ないことを考えると、あまり人気がないのかも知れません。

7．安くてテクニック満載のマッサージ

街中には5万ドン～10万ドン（２５０円～５００円）のマッサージ店もたくさんありますが、おすすめは60分30万ドン（１５００円）以上のマッサージ店です。私がよくいく店は60分35万ドン（１７５０円）ですが、いつも大満足です。

MIUMIU、MIUMIU2の２店舗がChu Manh Trinh通りにあり、

日本人人気No.1　ミュウミュウマッサージ２号店

MIUMIU2にはサウナが2室あるので、時間がある方におすすめします。マッサージの技術は日本よりも優れていて、価格が安いのでベトナム生活には欠かせないません。

8．ハワイを彷彿させる素晴らしいゴルフ場

ベトナムには素晴らしいゴルフ場がたくさんあります。平日だと約5000円でプレーできるので金額面でも助かります。南部は1年中温暖な気候なので、南国ゴルファーに人気です。北部のゴルフ場は日本に似た感じです。

9．なんといっても日本が大好き

ベトナム人が嫌いな国は、歴史的に侵略を繰り返してきた中国です。ベトナム戦争時に問題のあった韓国人を嫌う人もいますが、それ以外の国に対しては、おおむね悪い印象はをもっていないようです。しかし、日本となると大好きに変わります。歴史的にフランスから解放してくれた印象と、礼儀正しくお金をもっていることも好感度が高いようです。日本語を勉強している人も多く、大学生の調査では、働きたい外資系企業の1位にランクされています。

10．仏教国で正月のお祝いとお寺詣り

日本と同じ大乗仏教国で、毎年1月～2月に来るベトナム歴のテト（ベトナムの正月）は、家族がそろってお祝いをします。正月にお寺参りをすることも日本と同じです。

このように、ベトナムには魅力がたくさんあります。この魅力を感じるということが、不動産に投資する時には重要な要因になるのです。不動産投資とは、あくまでも利益を生むことが目的ですが、海外不動産投資は、お金儲けだけでなく大好きな国に投資をして、何回も訪れたいものです。

私は不動産物件とは国に惚れて投資するものと考えています。

ですから、その国を見ないで、その国に行かないで、不動産を買いたいという人がいても、不動産投資をすすめていません。

どこでもいい、といった投資は楽しくないと考えるからです。

その点、ベトナムは、世界中のどこの国にもないほど、楽しみが満喫できる国です。

パラダイスという言葉があるとすれば、ここ以外にはないでしょう。

読者の皆様は、ベトナムの魅力を十分に知ったうえで、さらに海外不動産投資で、より快適なベトナムでの生活を楽しむことをおすすめします。

神様仏様がたくさんいて誰を拝むか迷ってしまう

テトの時はホーチミン市１区中心部の道路が、巨大な駐車場となってしまうバイクの群れ

食事編　レストラン・バー

まず、ベトナムはなんと言っても食事のおいしさでは東南アジアNo.1です。ここまで日本人好みの味付けは他にありません。ベトナムに行ったら必ずベトナム料理を食べましょう！　ここでは、ベトナム生活の楽しさの一つであるベトナム料理おすすめの店をご紹介します。

Com Nieu Sai Gon　コム ニュウ サイゴン

★おこげご飯を投げる店

所在地：59 Ho Xuan Huong St.,Dist 3/ 電話：+84 (8) 3930-2888

〈おすすめメニュー〉

① Com dap/ Traditiona Com Dap　おこげご飯

② Steaming Hot Rice　熱々ごはん

③ Canh Kho qua don thit/ Minced pork stuffed in bitter cucumber soup　ゴーヤスープ

④ Dou hu tay cam/ casseroled tofu w-seafood in day pot　ご飯に合うトーフ料理

⑤ Tuing chien thit baun/ Fried egg w-minced pork　ベトナムの卵焼き

⑥ Suon heo nudng muoi/ Grilled spare-ribs w sale　豚スペアリブ

⑦ Tam hap nuoc dua/ Steamed tiger shrimps w-coconut juice　ココナツに入ったエビ

⑧ Goi ioi sac bop xocu/ Vietnamese salad style　ベトナムスタイルのサラダ

宙を飛ぶおこげご飯のパフォーマンスが評判！　木々の緑豊かな通りにあります。ベトナムの伝統を取り入れたインテリア、穏やかな雰囲気の店内でベトナム料理をお楽しみください。

レストラン正面には、樹齢100年の印象的な大きな木が迎えてくれます。店内はベトナム伝統工芸のランタンの灯りが、フロアを優しく照らしています。店内は、上品で温かみのあるベトナム伝統工芸品で飾られ、有名画家の作品も多数展示されています。ベトナムの伝統を大切にしながらも、オリジナルの建築やインテリアを楽しむことができます。花の香り、小鳥たちのさえずりが聞こえる、この穏やかな空間に身を置くだけで十分リラックスできるでしょう。この店ではベトナム北部の蟹スープから中部地方のしじみごはん、南部の土鍋の魚の煮付まで、300種類もの豊富なメニューを取り揃えています。土鍋で炊いたご飯は香ばしく、お薦めの一品です。

店員の投げたお焦げご飯をキャッチ

Quan An Ngon クアン アン ゴーン

★おいしい（Ngon）という名前のベトナム料理店

所在地：160 Pasteur,Phuong Ben Nghe,Quan1 HCMC/ 電話：+84 (8) 3825-7179

〈おすすめメニュー〉

① Goi Cuon/ Salad Roll with Shrimp & Pork ベトナムの生春巻き

② Rau Muong Xao Toi 空芯菜のニンニク炒め

③ Cha Ca La Vong/ Grilled fich Pie in“La Vong”style 白身魚焼き料理

④ Heo Xien Nuong/ ヘオ・シエン・ヌオン 豚肉の串焼き

⑤ Bo Xien Nuong/ ボー・シエン・ヌオン 牛肉の串焼き

⑥ Banh Beo Bot Loc/ Tapioca Flour Ravioli エビのタピオカ蒸

⑦ Chao Nghen Hai San おかゆスープ

⑧ Xoi La Sen/ Sticky Rice in Lotus Leaf ハスの葉で包んだちまき風おこわ（ヌックトゥーン）

⑨ Banh Xeo バンセーオ（Vietnamese Pancake） ベトナム風お好み焼きは庶民派料理の代表格

⑩ Che Troi Nuoc 緑豆のココナツミルク混ぜ 甘いデザート

⑪ Che Buoi 豆とザボンの皮をココナツミルクで味付け 甘いデザート

⑫ Banh Chooi Hap バナナと米粉を蒸してココナッツミルクをかけたさっぱりデザート

ベトナムの雰囲気満点の店舗

「食べる」ことで「幸せ」との距離を限りなく近づけてくるような感じにさせてさせてくれるベトナム料理。私たちにはまだ馴染みのうすい国ですが、ベトナム料理の「旨み」がその距離感を縮めてくれそうです。

魚醤ニョクマム、天然塩、海老を発酵させ作ったマムトム、タマリンドペーストなどをすばらしい調味料がベトナムには揃っています。そして、メコンデルタの恵みを受けた米の文化、フレッシュハーブや野菜をふんだんに使った料理は、必ず私たちを元気にしてくれます。

ベトナム料理のバラエティに富んだ味と香りを味わいながら、団欒のうちに食事を進めるのがベトナム風食事のあり方です。そんな雰囲気が醸し出されているのがこの店です。

Quan Pho Hoa　フォーフォア

★ローカルで評判のフォーの店

所在地：260c Pasteur,Phuong Ben Nghe,Quan1 HCMC/ 電話：+84 (8) 8297-943

〈おすすめメニュー〉

① Pho Bo 牛肉入りのフォー＋ Dau Chao Quay　揚げパン

② Pho Ga 鶏肉入りのフォー＋ Dau Chao Quay　揚げパン

フォー・ガー
鶏肉入り米粉うどん

フォーに入れる野菜

ハインクアイ　揚げパン

この店では何と言っても、揚げパンとフォーのセットがお薦めです。フォーの汁に揚げパンをつけて食べることで、何とも言えない触感を味わえます。フォーの味もホーチミン市では一番ではないかと思います。

フォー（ベトナム語：phở；チュノム：頗）は、ベトナム料理を代表する平打ちの米粉の麺です。形は日本のきしめんに似ていますが、原料は米粉と水で、ライスヌードルの一種です。水に漬けた米を挽き、ペースト状にしたものを熱した金属板の上に薄く流し、多少固まったものを端から裁断して麺の形状にするのです。中国広東省潮州市の粿條、広州市の河粉、広西チワン族自治区桂林の「切粉（中国語：チエフェン）」などと酷似しています。

多くの場合、フォーは、鶏や牛から出汁を取った透明であっさりしたスープに、コシのない米麺を入れて食べますが、鶏肉や牛の薄切り肉、肉団子などを具材として載せるのが典型的な食べ方です。生卵を追加できる店舗もあります。そして、最後に、ライムの絞り汁や、チリソース、ニョクマム、唐辛子やスライスしたニンニクをつけ込んだ酢などを加え、各人が好みの味に仕上げます。また、サイドメニューにクワイ quẩy という油条をオーダーし、汁に浸して食べることもおすすめです。牛肉入りフォーの場合は、牛肉の茹で具合をリクエストすることも可能です。

※フォー（ベトナム語：phở；チュノム：頗）はベトナム料理を代表する平打ちの米粉の麺である。

Pho Hung Rach Gia　フォー・フーン・ラッチャ

★フォーボー専門店

所在地：DC371 Hai Ba Trung P.8,Q3,TP,HCM/ 電話：+84 (8) 3820-4488

ベトナム牛肉粉が中心の、ベトナムビーフヌードルスープ専門のフォーのお店です。いわゆる、フォーボー専門店で鶏肉は置いていません。メニューもシンプルで、牛肉たくさん全部のせ（牛肉スライス＋軟骨のしっかり煮たもの）Pho Thap Cam 75,000VND、牛肉のせ（牛肉スライスのみ）Pho 50,000VND。もちろん、おなじみ野菜は大量に無料でついてきます。

牛肉量が多く、脂身もあり、そこにネギ、バジル、ミント、もやしを載せてライムを絞ると最高の味になります。

野菜とライムは無料で付いてくるのがベトナム流

Lang am thuc 3　ラン・アム・トゥック

★ベトナムらしい屋台

所在地：7区　Nguyen Huu Tho 通り

この店は、2014年に開店した1200名収容できる巨大な屋台。外で食べるベトナム料理の素晴らしさを満喫できます。

店内にはスーツを着たマネージャー、注文を聞く男性、ビールを配る若いミニスカ女性、アオザイを着た女性、サッポロガールと大勢の従業員がいます。

最初にビールを注文すると、テーブルには、氷を入れたビアグラスとビール瓶が置かれます。氷を入れて飲むのがベトナムスタイルなのです。足元には24本入りのビールケースが置かれ、早速、ビアガールがビールを入れ、氷を継ぎ足し、2本目、3本目とあおっていきます。さすが東南アジア No.1のビール消費量を誇る国だ、と感じさせてくれる光景です。

周りは、家族連れ、会社帰り、カップルなどさまざまな人が食事を楽しんでいます。しかし、なぜか店内のテレビでは NHK のドラマが放映されています。

近くの道路を走るバイクの騒音と軽い排気ガスの匂い、心地よい風、ちょうどよい湿度、これがサイゴンの夜なのです。

ホーチミンは、やはり夜が最高！！

部屋にいるのが勿体ない。背の低い小学生のような椅子に座り、低いテーブルで食べる。これがベトナムスタイル。

おすすめは、牛肉を押して固めた Cha bo（チャーボ）50,000VND、青梗菜ニンニク炒め Ram Muong（ラウ・ムーオング）90,000VND、鳥の足の先 Chan Ga Soi Dau hau（チョンゲー・ソ・ダウ・ハオ）90,000VND、日本では食べない足首から下の足を油で揚げたもの。ほとんどが骨で肉は少ししかありません。しゃぶる感じで、手で食べる。ベトナム人はビールのつまみに食べます。

1200 名収容の屋台

Hoa Tuc　ホアトゥック

★ベトナム料理

所在地：74/7 Hai Ba Trung 通り / 電話：+84 (8) 3825 1676

1区 Hai BaTrung 通りから路地に入ったところにある店。路地にはイタリア料理、フランス料理、ステーキハウス、日本料理、ベトナム料理、アラブ料理などのいろいろな店が屋台村のように営業しています。その雰囲気もベトナム風で大変人気があります。フランス統治時代のアヘン工場を改装した建物で、エアコン付室内とテラス席があります。テラスでの食事は、湿度も低く気候のよい快適なホーチミン市を満喫できます。

この店は、ベトナム料理店ですが、内装がきれいで、料理も外国人向けの風味となっています。

Van Thanh　ヴァン タン

★池の上にバンガローがあるレストラン

所在地：48/10 Dien Bien Phu 通り 22地区 Binh Thanh 区 / 電話：+84 (8) 3512 3026

国営企業サイゴンツーリストが経営している、大きな公園の中にある池上のバンガロー形式のレストラン。ここからの景観が素晴らしく、これぞベトナムという雰囲気が魅力。周囲を散策できるようになっており、敷地内には結婚式場・披露宴会場が3か所もあります。池にはコイが泳いでいるので、時々食事をあげている姿が目につきます。

おすすめは、鍋料理と魚の煮物です。外で食べる食事は、どうしてもビールが進みますね。

池の上に配置されたテーブル席

Le Bouchon de Saigon

★フランス料理

所在地：40 Thai Van Lung、 1 区 / 電話：+84 (8) 3829 9263

フランスを彷彿させる建物

日本人街から徒歩3分の距離にある、フランスの下町の香りが漂う、フランス料理店。おすすめは、焼き加減抜群のステーキで、ワインの種類も豊富。

営業時間：11:30 AM ~ 22:00 PM（月～木）、~23:00 PM（土）；日曜日休業

Le Jardin

★フランス料理

所在地：D Thai Van Lung、1区 / 電話：+8 (8) 825 846531

外での食事がおすすめ

こちらも日本人街から徒歩3分で Le Bouchon de Saigon の向かいにあります。フランス文化交流会館の敷地内の庭を利用した、綺麗な庭の中にあるオープンテラス形式のレストランでフランス料理とワインを楽しめます。リーズナブルな価額も魅力。

営業時間：11:00 AM ~ 2:00 PM; 18:00 PM ~ 20:30 PM; 日曜日休業

Chi Bar　チル・バー

★オープンスカイバー

所在地：26&27 Floor Rooftop, AB Tower, 76A Le Lai

ホーチミン市の夜景は
ここが一番

AB タワーの27階にある、ホーチミン市内の夜景を見ながら食事やお酒を楽しむバー。フルオープンのスタンディングバーと室内レストランに分かれており、ホーチミン市内が一望できる景色は市内一と言われ、欧米からの観光客や裕福層のベトナム人で賑わう。とくに週末は、混雑して立っているのがやっとの状態です。短パン、サンダルでの入場ができないので気をつけてください。

日本食レストラン

ホーチミン市は、レタントン通り・タイバンルン通りに集中しています。

ホーチミン市で日本食が食べたくなったら、このエリアへ行けば何でもあります。日本人が一番多く住んでいる地区なので安心できます。

居酒屋、焼肉店、ラーメン店、ピザ屋、定食店、お好み焼店、たこ焼き店、焼酎バーなど、ほとんど日本にいるのと同じメニューを楽しめるので一度行ってみてください。ハノイ市はホアンキエム地区、ハイバーチュン地区、コウザイ地区、タイ湖周辺、キンマー周辺に分かれます。

ハノイ、ハイバーチュンにある日本食レストラン紀伊が有名です。ホーチミン市は約250店舗の日系レストランがあると言われています。

〈レタントンタイバンルン周辺お勧めのお店〉

個室旬菜炙り　あん	（居酒屋）
東京 BBQ	（焼肉）
THE SUSHI BAR	（寿司）
浦江亭	（焼肉）
牛めし屋	（牛丼）
秀	（お好み焼き）
北海道	（日本料理）
かつ吉	（カツ定食）
大黒屋	（居酒屋）
Pizza 4P's	（ピザ）
味楽	（居酒屋）
大阪ラーメン	（ラーメン）
どらえもんかか	（定食）……などたくさんあります。

レタントン通りには日本の味があふれている

観光編

統一会堂

トンニャット宮殿（ベトナム語：Hội trường Thống Nhất、英語：Reunification Palace）は、ベトナムのホーチミン市の建物。政情が不安定だった時代には、建物の呼び名もたびたび変更され、1873年～1955年の呼称は「ノロドン宮殿」。1955年～1975年の間は「独立宮殿」。そして現在に至ります。

ノロドン宮殿時代、トンニャット宮殿の建設は、ベトナムを「フランス領インドシナ」として植民地下においていた時代の、1868年にフランスによって建設がはじめられ、1873年に完成しました。その後、第二次世界大戦が終結した1945年までのコーチシナのフランス総督によって建物は使用されました。

独立宮殿という名称は、フランスからの独立に向けた1954年のディエンビエンフー陥落後に行われたジュネーブ協定締結後に、トンニャット宮殿からフランスが撤収したあとを受け、1955年にベトナム共和国（南ベトナム）が成立した後に改名された。

しかし、1962年2月8日にゴ・ディン・ジエム政権に対して起こされたクーデターの際に、南ベトナム軍将校が操縦する戦闘機による爆撃を受けて大破し、

その後に取り壊されました。

南ベトナム大統領府や官邸の必要性に迫られたベトナム共和国は、1966年、南ベトナムの建築家のゴ・ベト・チューに、4階建ての現代建築の再建を依頼しました。完成後、最初に使用した大統領（当時の肩書は「国家指導評議会議長」。1967年9月3日に正式に大統領に就任）は、グエン・バン・チューで、その後、3代の大統領が使用しました。

しかし、1975年4月8日、北ベトナム軍が捕獲した米軍のノースロップF-5戦闘機による爆撃、同年4月30日のベトナム戦争終結時に、サイゴン市内に突入した北ベトナム軍の戦車による突入により、首都サイゴンの陥落とともに大統領府も明け渡されたのです。

現在でも、その当時のソ連製の戦車が敷地内で展示されています。

（この間の状況は、ベトナム戦争終結の象徴的なシーンとして映像としても残されている。読者のなかにも、北ベトナムの戦車がフェンスを破って侵入し、屋上からアメリカ人脱出のヘリが飛び立ったシーンを、ライブで見た人も多いことでしょう。）

南ベトナム時代の大統領府は、1976年、共産主義の統一国家であるベトナム社会主義共和国が成立した後に「統一会堂」と改名。現在は、南ベトナム大統領府当時のままで保存され、事実上の博物館として一般公開（大人15000ドン）されています。

建物内の一部の部屋は、国際会議などで使用されている。また、敷地内のテニスコートやゲストハウスなども使用されています。

ベンタイン市場

ホーチミン市1区のベンタイン広場に面した通りにあり、バスターミナルのある南門前は、市内の交通の中心地です。

ベンタイン市場（Chợ Bến Thành）は、ベトナムのホーチミン市中心部にある最大の市場。1907年に建設が決定し、7年後の1914年に完成。第二次世界大戦中に大きな被害をうけたが、1950年に改修が行われ、現在に至っています。

市場の建物は、ベトナムの伝統様式に則って建設された巨大な屋内（堂宇）で、なかに個人商店が、数畳の店を構えてひしめき合っています。

観光客向けの土産物を売っている店だけではなく、日用品や食料品を売っている生活に密着した店が多いので、生活に必要なもののほとんどは、この市場で揃えられます。

夕方以降は市場の両脇の通りを巨大な屋台が埋め尽くし、ベトナム料理を肴に酒を飲む観光客や地元の市民で賑わいます。

しかし、日本人と分かるとぼったくりを試みる人たちが多いのも事実で、市場の前に待機しているバイタクやシクロには乗らないほうがいいでしょう。スリやひったくりも特に多いので、くれぐれも注意してください。

ホーチミン人民委員会庁舎

フランス植民地時代の1901～1908年に、イタリア・ルネサンス様式で建てられた庁舎。ホーチミン市にある聖マリア教会と並んで人気の記念撮影スポット。インドシナの植民地時代を代表するホーチミンの銅像が建物の前に置かれていることに、歴史の皮肉を感じます。庁舎の内装は美しく、室内には絢爛豪華な家具調度が置かれているとされますが、残念ながら内部は一般公開されていません。建てられた当時は、アジアの国にしては贅沢すぎる家具調度だ、とヨーロッパで論争が起きたという話も。フランス占領時代は市庁舎として使用されていました。

ベトナムは、1887年にラオス、カンボジアの一部を含めた地域とともにフランスの占領下に入り、いわゆるフランス領インドシナが成立したのですが、フランスはベトナム文化や伝統を拒絶したため、農民や労働者が組織化して民族運動に発展しました。その中心人物がホーチミンだったのです。

その後、1940年にフランスがドイツに降伏するまでフランスの占領が続きましたが、ドイツが第2次世界大戦に負けたのを契機に、ホーチミン氏はベトナム民主共和国の独立を宣言しました。

しかし、旧支配国であったフランスはベトナムの独立に猛反発し、インドシナ戦争へと発展していきました。その結果、ベトナム軍が勝利したにもかかわず、フランスは南部の割譲を強く要求。その後のジュネーブ国際会議では、半強制的に北緯17度線を軍事境界線にすることになりました。こうしてベトナムは南北に分断され、インドシナ戦争から米ソ対決のベトナム戦争へと続いていくのです。

サイゴンが陥落したベトナム戦争終結を経て、南北のベトナムは統一され、南は社会主義国にさせられました。サイゴン市はホーチミン市と改められ、今ではホーチミン氏の肖像画紙幣が出回っています。

サイゴン大教会（聖母マリア教会）

19世紀末に建てられた赤レンガ造りのカトリック教会で、フランス植民地時代から残る歴史的建造物の1つ。高さ58mの2つの尖塔が聳え立ち、クラシックな佇まいには歴史を感じさせられます。内部は厳かなゴシック建築で、日曜に開かれるミサは敬虔な教徒が外まであふれるほどに参列する。正面には、ローマの花崗岩で作られた聖母マリアの像が立っている。イタリア人彫刻家の作品で、1959年に設置されたものです。

中央郵便局

ホーチミン市のほぼ中心にある中央郵便局は、フランス植民地時代の代表的建築物の１つで、1886年～1891年の間にギュスターヴ・エッフェルによって建設されました。一見ヨーロッパの鉄道駅を連想させる様相は、パリのレアールやミラノのガレリアを彷彿とさせ、19世紀後半の有名なヨーロッパの建物のような錯覚に陥ります。外国人観光客に人気の撮影スポットとして親しまれています。

1階はみやげ物売り場になっていてコインや切手を販売しています。

戦争博物館

この3階建ての建物内部には、大砲や爆弾などの遺物、戦争の足跡をたどる貴重な記録が展示されています。屋外には、ベトナム戦争で使用された戦闘機や戦車が展示されており、また、ベトナム戦争のときにアメリカ軍によって散布された、枯葉剤の犠牲となった人びとの写真も展示されています。

屋外には、拷問の島と呼ばれたコンソン島の牢獄「トラの檻」が復元され、現物客に衝撃を与えています。

ビテクスコ・フィナンシャルタワー（Bitexco Financial Tower）

ホーチミン市の1区にある、ホーチミン市で一番高い超高層ビル。ビテクスコ・グループ所有のビルで高さ265.5メートルの地上68階・地下3階建。設計はCarlos Zapata Studioが、施工はヒュンダイE & Cが担当。2007年に建設がはじまり、2010年10月竣工。49階には展望台があります。

現在、ベトナムで一番高い建築物は、ハノイにあるタワー72の72階建てですが、すでに81階建て超高層ビルの建築計画がスタートしています。

ドンコイ通り

ドンコイ通り

ホーチミンでベトナムのお土産を買うならここドンコイ通りは外せません。外国人は必ず立ち寄る有名通りです。シルク、革、綿素材のアパレル、バッグ、靴などやグッズもたくさんあります。特に刺繍絵はベトナム以外では見かけないのでチェックしたいところです。

市民劇場

19世紀末に建築され、フランス統治時代にはオペラハウスとして、アメリカ統治時代には国会議事堂として、現在はベトナム市民の娯楽施設として、コンサートやサーカス、ファッションショーなどが上演されています。パンフレットやチケットは入口左手の窓口で購入できるので、時間がある人は訪れてみたい。

現在の建物は建築当時のデザインを忠実に復元したもので、通常は入館できません。

ゴルフ編

http://www.golfasian.com/golf-courses/vietnam-golf-courses/danang-hoi-an/montgomerie-links-vietnam/

〈ホーチミン市周辺〉

Long Thanh Golf Club & Residential Estate　ロンタンゴルフクラブ

Address: National Highway 51, Tan Mai 2 Hamlet, Phuoc Tan Village.
Bien Hoa City, Dong Nai Province;Vietnam
Website: http://www.longthanhgolfresort.com.vn
Phone: +84 (613) 3512 512

ホーチミン市から車で40分ほどの距離にあるゴルフ場。ただし、朝の時間帯によっては渋滞があるので、約60分を見込んだほうが安心。タクシーで60万ドン程度。

ゴルフコースは36ホールで構成され、そのうちの18ホールは、プロのゴルファー用に設計されているため難しく、上級者向けのコースとなっている。このコースには、いくつかの滝や工夫を凝らした障害が設けられ、ヤシのプランテーションと人工湖を配することで、ゴルファーの挑戦意欲を掻き立てるように設計されており、ローリングフェアウェイと微妙に起伏のあるグリーンを備えています。クールな雰囲気と壮大なパノラマと相まって、アジアでも有数なロケーションと戦略性に富んだコースと言えるでしょう。ホーチミン市周辺で最も人気があります。

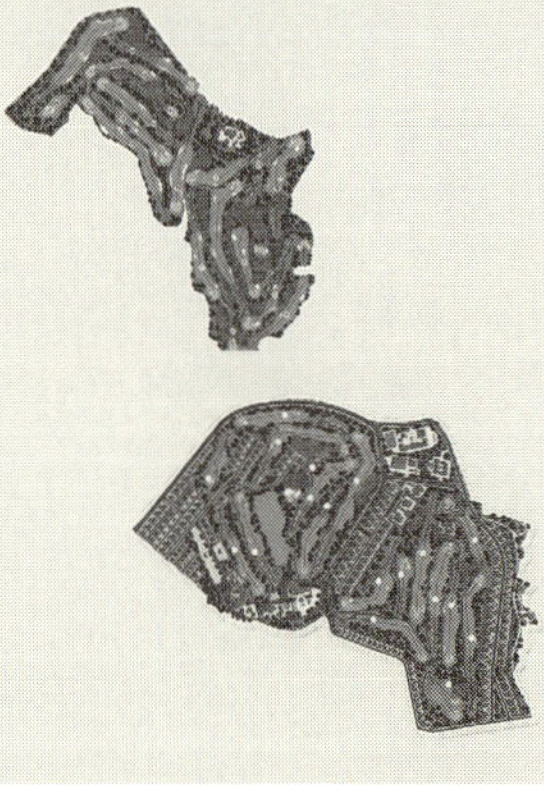

Viet Nam Golf & Country Club　ベトナムゴルフ＆カントリークラブ

Address: The Club house Long Thanh My, Ward District 9 , Ho Chi Minh City

Website: http://www.vietnamgolfcc.com

Phone: +84 (8) 6280 0101

ベトナムで最初の36ホールのゴルフ場で、ホーチミン市の中心部からわずか20キロにある、街に最も近いゴルフクラブで、ベトナムのプレミアゴルフ＆カントリークラブと称されています。

300ヘクタールの土地に囲まれた雄大なゴルフコースは、最小限の土地開発で既存の森林を残した設計を心がけ、自然を生かしたコースレイアウトが魅力的なゴルフ場です。

休日は予約が多くなかなかプレーすることができません。平日でも予約してからいくことをお勧めします。

日本人のプレイヤーも多く、市内中心部からタクシーで30分位です。

36 holes

Song Be Golf Club　ソンベゴルフクラブ

Address: 77 Binh Duong Boulevard, Lai Thieu, Thuan An, Binh Duong Province, HCMC
Website: www.songbegolf.com
Phone: +84 (650) 3756-660/ 1

ソンベゴルフリゾートは、ベトナム初の国際チャンピオンシップ・ゴルフコースとして有名で、国内一の難コースとされ、1995年には、正式にUSGA/SGAの要件に見合うコースとして評価されました。

このゴルフ場は、1994年に、ゴルフリゾートとして、果樹園やヤシの木の自然景観を生かしながら設計されたもので、18ホールのリゾートスタイルのレイアウトには、10の湖があります。ソンベという語が「小さな川」、メコン川の支流を意味するように、18ホール中の8ホールにはウォーターハザードがあります。また、コース中に横たわる10か所の湖がティーショットを、より困難なものにし、起伏のあるグリーンと木立の並びは、ゴルフコース全体の難易度を高めています。仕上げは、デザートコースです。フェアウエイに広がるバンカーは、ソールが出来るフェアウエイバンカーですが、一度捕まると脱出は困難を極めます。まさに、粘りのあるアイスクリームのようなデザート、とでも言えるでしょう。

27 holes

Twin Doves Golf Club　ツインダブスゴルフクラブ

Address: 368 Tran Ngoc Len St. Hoa Phu Commune, Thu Dau Mot City, Binh Duong, Vietnam

Website: http://www.twindovesgolf.com

Phone: +84 (650) 3860 333

27 holes

ツインダブスゴルフクラブは、ベトナム初の国際レジデンスリゾートで、クラブメンバーシップの限られた人だけがプレーできる“メンバーズ・ゴルフクラブ”です。クラブには、リゾートに相応しいスポーツ施設やサービス、各種の料理と卓越したパーソナライズされたサービスを提供できるレストランと27ホールの国際的チャンピオンシップ・ゴルフコース、豪華なクラブハウスを設置しています。

Taekwang Jeongsan Country Club　ジョナサンカントリークラブ

Address: Ong Con Island, Dai Phuoc Commune, Nhon Trach Dist, Dong Nai

Phone: +84 (61) 3561 535

18 holes

クラブハウス

サイゴン港バクダン乗り場から船でゴルフ場へ　朝日が出迎えてくれるサイゴンリバーはとても爽快

2012年7月にオープンしたホーチミンで一番新しいゴルフ場。ドンナイ河の中州に造られホーチミンから17キロメートルとさほど遠くないが、ゴルフ場の近くに橋がないため、大回りをしなければならない上、フェリーで川を渡るため時間が掛かってしまう。したがって、車を利用するよりはむしろ、サイゴン川を市内にある桟橋からモーターボートで、ゴルフ場専用の桟橋まで30分の選択をおすすめします。

コースはフラットで、ムーンコースはサンコースより200ヤードも距離があり、最終18番のロングホールは池の周りを回って行く名物ホールとなっています。ゴルフ場の周辺では、高級ヴィラの建設が進んでいます。

Vung Tau Paradise Golf Club & Resort　ブンタウパラダイスゴルフクラブ&リゾート

Address: 01 Thuy Van, Nguyen An Ninh, Ba Ria Vung Tau.
Website: http://www.elephantguide.com/golf/paradise
Phone: +84 (064) 3853 428

ブンタウパラダイス・ゴルフリゾートは、サイゴンからの車で約3時間の距離にあります。ブンタウは海に面したもっとも近いビーチリゾートとして人気があり、27ホールあるベトナムで最初の海辺のゴルフコースで、すべてのレベルのゴルファーが楽しめるように設計されているのも、このコースの魅力です。

ブンタウパラダイスのコースは、壮大な海の景色と自然のままのビーチに沿ってコースが作られているため、ゴルファーは海の景観の素晴らしさに感動しながら、プレーを楽しめます。所々にあるパームスが作り出す日陰は、プレーの合間にちょっとした安らぎと、ベトナムの強烈な日差しを和らげてくれ、コース全体を流れる潮風はゴルファーに心地よい涼風となります。

〈ハノイ市周辺　HÀ NỘI〉

Kings' Island Golf Resort キングスランドゴルフリゾート

Address: Dong Mo, Son Tay, Hanoi, Vietnam.
Phone: +84 (4) 3368 6555

350haの敷地と1500haの水辺に、36ホールのコースがかなりゆったりと設計されています。日本での36ホールゴルフ場の規模は、およそ40～50haなので、その大きさの違いに驚かされます。レイクサイドコースに出ると、14ホールはプレー中に水を意識しなければならない。マウンテンコースは、周囲の山々の景色を眺めながらコースで、その印象的な光景を強く心に刻みながらのプレーとなるでしょう。

Hanoi Golf Club　ハノイゴルフクラブ

Address: Minh Tri, Soc Son, Hanoi

Website: www.hanoigolfculb.vn

Phone: +84 (4) 3771 4021/2

ノイバイ国際空港から車で15分、ハノイの中心部からは車で40分のところにある、山麓にあるゴルフ場。敷地面積は108haあり、ベトナムで唯一、日本の建設と管理によって建設されたゴルフ場です。

ハノイゴルフクラブは、18ホールで設計されており、長くて広いなだらかな丘の斜面を利用して作られている。だれもが楽しめるゴルフコースとなっています。

Van Tri Golf Club　ヴァントライゴルフクラブ

Address: Kim No, Đong Anh, Ha Noi

Website: www.vantrigolf.com.vn

Phone: +84 (4) 3831 526415

ヴァントライは、初心者から上級者まで、すべてのゴルファーが楽しめる設計になっています。また、青ティグランドから6700ヤード、バックティーグランドから7,200ヤード以上のロングコースを誇るのもこのコースの特徴です。コース全体は、比較的平坦な地形にレイアウトされており、コースはよく整備されています。主に、松の木が並ぶバンカーは、プレーを難しくするだけでなく、フェアウェイに点在している小さなバンカーにも大いに苦しめられます。さらに、深いグリーンサイドバンカーも待ち受け、ゴルファーは複合的にその腕を試されることになります。とくに、ロングヒッターにとっては、困難な罠として襲いかかってくることでしょう。

ゴルフ場のコンディショニングは、疑いもなく北部ベトナムで最高。よく整備されたグリーン回り、配慮の行き届いたコース・コンディションのなかで、最高のゴルフを堪能できます。

〈ダナン市周辺　ĐÀ NẴNG〉

Montgomerie Links　モンゴメリーリンク

Address: Dien Ngoc, Dien Ban, Quang Nam Province, Việt Nam.

Website: www.montgomerie.links.com

Phone: +84 (510) 394 1942

ダナン市から近い、ダナンビーチに位置する、モンゴメリーリンクスは、見事な7090ヤード、パー72のゴルフコースです。コースはベトナムゴルフ誌による「ベトナムのベストチャンピオンシップコース2013」に選ばれています。最近アジアの「2012フォーブストラベルガイド」によるTOP10に選出されるなど、高い評価を得ています。

Da Nang Golf Club　ダナンゴルフクラブ

Address: Son Tra - Dien Ngoc Coastal Street, Hoa Hai Ward, Ngu Hanh Son District, Danang City

Website: www.danangglofclub.com

Phone: +84 (511) 3958 111

ダナンゴルフクラブは2010年にオープンし、すぐに米国ゴルフ誌の世界でBEST15コースに選出される、新たなコースの一つとして認識されて有名になりました。ダナンゴルフクラブは、数々の賞を授与されています。

アジアの月刊ゴルフ誌の読者だけでなく、米国ゴルフダイジェストベトナムで、2012年に最高のゴルフコースに選出されました。また、2014年にはIAGTOダイヤモンドによるアジアで「2013年最高のゴルフコース賞」を受賞しています。

学校編（インターナショナルスクール）

ベトナムでは教育が心配だとお考えの子育て世代の方へ、インターナショナルスクールを調査しました。

ホーチミン市の小中学校 HỒ CHÍ MINH　Primary school, Middle school, High school

1) ACG International School Vietnam (high school)

East-West Highway (road 25B) , An Phu Ward, District 2, Ho Chi Minh City, Vietnam

Tel: +84 (8) 3747 1234　Fax:+84 (8) 3747 1235

Website: http://vietnam.acgedu.com

2) Anglophone British Curriculum International School (ABCIS) (high school)

2 1E Street, Khu Dan Cu, Trung Son, Binh Hung, Binh Chanh, Ho Chi Minh City, Vietnam

Tel: +84 (8) 5431 1833　Fax: +84 (8) 5431 7214

Website: www.theabcschool.net

3) American International School (AIS)

781/C1-C2 Le Hong Phong (extended) Street, Ward 12, District 10, Ho Chi Minh City, Viet Nam

Tel: +84 (8) 38681001　Fax: +84 (8) 38681002

Website: www.ais.edu.vn

4) APU International School

286 Lanh Binh Thang St. Ward 11, Dist. 11, HCMC.

Tel: +84 (8) 39624 897, 39624 898

Website: www.apuis.edu.vn

5) British International School

246 Nguyen Van Huong Street, District 2, Ho Chi Minh City

Tel: +84 (8) 3744 2335   Fax: +84 (8) 3744 2334

Website: www.bisvietnam.com

6) International School, HCMC (ISHCMC)

649A Vo Truong Toan St., An Phu Ward, District 2, HoChiMinh City, Vietnam.

Tel: +84 (8) 3 898-9100   Fax: +84 (8) 3 898-9382

Website: www.ishcmc.com

7) Saigon South International School (SIIS)

Nguyen Van Linh Parkway, Tan Phong Ward, District 7, Ho Chi Minh City, Vietnam

Tel: +84 (8) 5413-0901   Fax: +84 (8) 5413-0902   Email: info@ssis.edu.vn

Website: http://www.ssis.edu.vn/

8) Saigon International College (SIS)

21K Nguyen Van Troi St, Ward 12, Phu Nhuan Dist, HCMC, Viet Nam

Tel : +84 (8) 3997 6043 - 3997 6044   Fax : +84 (8) 3997 6046

Website: http://www.sic.edu.vn

9) The Australian International School Saigon (AIS Saigon)

21 Pham Ngoc Thach, District 3, HCMC

Tel: +84 (8) 382 249 92   Fax:+84 (8) 382 250 39

Website: www.aisvietnam.com

10) Horizon International Bilingual School

6 - 6A - 8, Street 44, Thao Dien Ward, District 2

11) TAS INTERNATIONAL SCHOOL

177A & 172-174-176-178-180 Nguyen Van Huong, Thao Dien Ward, District 2

12) KINDERWORLD KINDERGARTEN AND PRIVATE SCHOOL

21 - 23 Nguyen Thi Minh Khai St.,Bến Nghé Ward, District 1

13) Wellspring Saigon International Bilingual School

No 92 Nguyen Huu Canh Street ,Ward 22 , Binh Thanh District , HCM City

ホーチミン市の大学 HỒ CHÍ MINH　UNIVERSITY

1) RMIT International University

702 Nguyen Van Linh St., Tan Phong Ward, Ho Chi Minh, Vietnam

2) International University

Linh Trung Ward, Thu Duc Distric, Ho Chi Minh

ハノイ市の小中学校 HÀ NỘI Primary school, Middle school, High school

1) British Vietnamese International School

72A Nguyen Trai Street, Thanh Xuan Distric, Hanoi

2) GLOBAL INTERNATIONAL SCHOOL

C1, 2, 3, 4, D34 - Yen Hoa - Cau Giay, Hanoi

3) Vietnam – Australia School Hanoi

My Dinh I Residential Area, Hanoi, Vietnam

4) Hanoi Academy

D45 - D46 Ciputra Hanoi International City, Tay Ho district, Hanoi

5) Hanoi VIP International School

Láng Thượng, Đống Đa, Hà Nội

6) Wellspring Hanoi International Bilingual School

No 95, Ai Mo Street, Bo De Ward, Long Bien District, Hanoi

7) United Nations International School of Hanoi

G9 Ciputra, Lac Long Quan, Tay Ho, Hanoi, Vietnam

ハノイ市の大学 HÀ NỘI UNIVERSITY

1) RMIT International University

Handi Resco Building, 521 Kim Ma, Ba Dinh District, Hanoi

2) British University Vietnam

193 Ba Trieu, Hai Ba Trung, Hanoi

病院編（日本語対応可能）

ベトナムには日本語対応又は日本人医師常駐の病院がたくさんあります。居住の際、健康については心配ですね。ベトナムでの生活は、安心してください。とくに最近は続々と日系病院が開業しています。

HỒ CHÍ MINH　ホーチミン市

1) FV HOSPITAL DIST 7

6 Nguyen Luong Bang ,Tan Phu Ward ,Dist. 7, Ho Chi Minh

Tel: +84 (8) 5411 3333

Website: http://www.fvhospital.com/

(General hospital)

（日本語通訳可）

2) Colombia Asia

08 Alexandre De Rhodes, Dist 1, Tp. Hồ Chí Minh

Tel: +84 (8) 3823 8455/ 3823 8888

Website: www.columbiaasia.com

(General Clinic)

（日本語通訳可）

3) LOTUS CLINIC

22-22bis, 3F, the lancaster Bldg.,, Le Thanh Ton, Ben Nghe Ward, Dist 1

Tel: +84 (8) 3827.0000

Website: http://www.lotus-clinic.com

(General Clinic)

（日本人医師常駐）

4) Family Medical Practice HCM

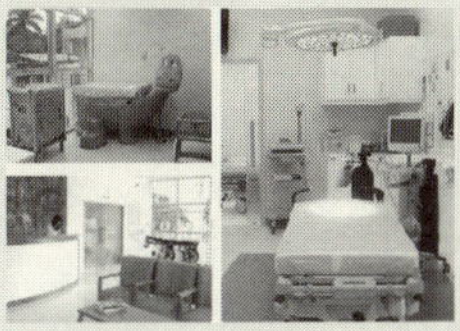

34 Le Duan, Dist 1, Tp. Hồ Chí Minh

Hot line: +84 (8) 3822 7848

Website: www.vietnammedicalpractice.com

(General Clinic)

（日本語通訳可）

5) American Chiropractic Clinic

161-161A Hai Ba Trung, 6 Ward, Dist 3, Tp. Hồ Chí Minh

Tel: +84 (8) 3939 3930 Fax: +84 (8) 3939 0908

Website: http://www.vietnamchiropractic.com

（日本人医師常駐）

6) Starlight Dental Clinic

2bis Cong Truong Quoc Te, Dist 3, HCMC

Tel: +84 (8) 38.22.62.22

7) Westcoast Dental Clinic

27 Nguyen Trung Truc, Dist 1 HCMC

Tel: +84 (8) 38 256 999

HÀ NỘI　ハノイ市

1) Family Medical Practice Hà Nội

Van Phuc Compound, 298 I Kim Ma, Dist Ba Đình, Hà Nội

Tel: +84 (4) 3843 0748

Email: hanoi@vietnammedicalpractice.com

(General Clinic)

（日本人医師常駐）

2) Westcoast Dental Clinic

2nd Floor, Syrena Center, 51 Xuan Dieu, Hanoi

Tel: +84 (4) 37 100 555

3) JAPAN INTERNATIONAL EYE HOSPITAL

32 Pho Duc Chinh, Ba Dinh, Hà Nội

Tel: +84 (4) 3715-2666

Website: http://hanoi-living.com/archives/11989

4) Sakura clinic

49/612 Lac long Quan St, Tay Ho War, Hanoi

Tel: +84 (4) 3718.1000

5) VINMEC INTERNATIONAL HOSPITAL

458 Minh Khai, Dist Hai Ba Trung, Hà Nội

Tel: +84 (4) 3974 3556

Fax: +84 (4) 3974 3557

Website: www.vinmec.com

(General Clinic)

（日本語通訳可）

6) French Hospital of Hanoi

1 Phuong Mai, Dist Dong Da, Hà Nội

Tel: +84 (4) 3577 1100 Fax: +84 (4) 3576 4443

Website: www.hfh.com.vn

(General Clinic)

（日本人医師常駐）

おわりに

海外不動産投資で重要なのは「国選択」と「物件選択」です。物件選択については刻々と状況が変わりますので、最新の情報を得て、これだと思えばすぐに手付を打つ行動力が必要です。成長している東南アジアでは物件も多く開発されますが、これだと思える物件は数少ないのが現状です。物件選択には独特の勘が必要とされます。日頃からモデルルームなどを訪れて知識を深めておくことをおすすめします。

不動産投資は、金融商品と違い部屋の内装を考えたり、自分で掃除してきれいにしたり、キッチン用品を購入して料理の想像をしたりと、完成してからも楽しみがたくさんあります。2～3年住んでから賃貸に出すのもいいでしょう。海外にたくさん不動産をもっていれば、ゴルゴ13のように、世界を股に掛ける人間になったようで、隠れ家を増やしているような気分にも浸れます。

投資も居住もできる商品は不動産以外にはありません。そのため、購入したらすぐに転売するよりも5年くらいは保有したほうがいいと思います。愛着がわく物件にしてから、思い出の詰まった状態で売却してほしいものです。借手や買手は必ず内装を見て判断します。同じ物件でも内装が素敵だと高く売れるものです。デザイン性だけでなく機能性も考慮されます。

私の持論は、本書でも述べてきたように「海外不動産は好きな国に投資する」ですが、これも、2～3年住んでから賃貸や売買を考えてほしいと思っているからです。自分で住むとなると、嫌いな国には行きたくないと思うものです。実際に、何回も行きたくなるような国や物件は、借手も買手も多いものです。逆にあまり行く気のしない国や物件は、賃貸も売却もしにくいものです。

それと、不動産を購入したら愛着を持って、メンテナンスをしてください。是非住みやすい家に育ててください。特にリビングやキッチンに力を入れている物件は、奥様方に高い評価を戴けます。

現在、ホーチミン市からバンコクまでの距離は約850kmで、陸路での移動に2日程度かかります。南部回廊と呼ばれるこのルートは、2015年にメコン川のネアックルン橋が開通すれば、ミャンマーのダウェーまでノンストップで行き来できるようになります。バスを使った旅行もできるでしょう。ダナンからはドンハ経由でタイを通り、ミャンマーのモーラミャインまで東西回廊が開通することになります。

このように、東南アジアでは急速に物流ルートが整備されています。2015年のASEAN自由貿易地域（AFTA）締結で10か国が関税を撤廃し、6億人のマーケットが年率約6％の成長をしながら発展していきます。インフラ整備はさらに加速し、工事関係者だけでも相当な人が入ってきます。各回廊の始点ベトナムと終点ミャンマーの国は、特にインフラ投資が遅れており急ピッチで工事が進んでいます。

私がベトナムに通うようになってからの４年間でも、街が変わっていく様子が肌で感じられました。２０１０年ホーチミン市に68階建てのビテクスコ・フィナンシャルタワーが完成すると、２０１１年ハノイ市に72階建てのカリダス・ランドマークタワーが完成しました。また２０１４年には、ホーチミン市で開発中のビンホームズセントラルパーク内に、ザ・ランドマーク81が着工しています。高さ３５０メートル、81階建てで、２０１７年の完成を予定しています。これは、ベトナム国内だけでなく東南アジアでも最高級の高層ビルになる予定です。日本でもアベノハルカスが２０１４年に完成しましたが、地上60階建てでは足元にも及びません。電波塔も６３５ｍの計画が持ち上がっています。あきらかに東京スカイツリー６３４ｍを意識したものです。

一方の日本はといえば、東京でも老朽化したビルがたくさん並んでいます。少しずつ建て替えが進んでいますが、活気という意味ではベトナムのほうが圧倒的です。日本はこれから静かで暮らしやすい国になっていくのかもしれませんが、人口減少が進み、平均年齢45歳になった国はどうなるのでしょうか？　アジア最高齢の日本がたどる道とは？

皆さんも私と一緒に、若い人の多い国、ベトナムに出かけてみませんか。

【プロフィール】

有馬壽志（ありま・ひさし）

1957年香川県生まれ。1978年国立高松高専卒業後、株式会社日立ビルシステムに入社。技術者として3年間勤務。その後営業の勉強をするために1981年リクルート入社。人材総合サービス部門の広告事業部に在籍し、採用・教育の企業サポートで約1000社を担当。入社以来一度も目標を外したことはなく、個人目標達成率は1000%を超える。全国最優秀営業マン賞を2年連続受賞し、ゴールデンシーガルコンテスト（ガルコン）も受賞するなどの記録保持者でもある。28歳で課長として、高崎営業所、宇都宮営業所を兼務し、リクルートでは史上最年少の30歳で北関東支社長を任され、リクルートブックの編集長を歴任し、32歳で独立。在籍中、担当した営業所を何度も全国1位に導く。

また、25歳で「小柳ルミコ」ショーの総合プロデュースを担当した異色の経歴を持つ。

1991年12月、企業の成長をお手伝いする経営コンサルタントとして株式会社エスパシオコンサルタントを設立。2000年より環境分野に進出し、特に流通小売業の生活環境をテーマに商業環境コンサルタントとして活躍している。担当した大型店舗数は全国2,500店を超える。2010年よりベトナムに進出し、カフェレストラン経営を経て、不動産会社エスパシオベトナムを設立。

株式会社エスパシオコンサルタント　代表取締役CEO

http://www.espa.co.jp/　http://espa-life.com/

ベトナム不動産投資

2015年6月20日　初版第1刷発行

著　者　有馬壽志
発行者　渡辺弘一郎
発行所　株式会社あっぷる出版社
〒101－0064 東京都千代田区猿楽町2－5－2
TEL 03－3294－3780　FAX 03－3294－3784
http://applepublishing.co.jp/
装　幀　犬塚勝一（VOW WOW）
組　版　西田久美（Katzen House）
印　刷　モリモト印刷